Ani Mestre

Mis tres adioses a Cuba
Mis tres adioses a Cuba
Mis tres adioses a Cuba

diario de dos viajes

Copyright © 1999 by Ana M. Mestre de Sambrizzi

Primera edición, 1999

EDICIONES UNIVERSAL
P.O. Box 450353 (Shenandoah Station)
Miami, FL 33245-0353. USA
Tel: (305) 642-3234   Fax: (305) 642-7978
e-mail: ediciones@kampung.net
http://www.ediciones.com

Library of Congress Catalog Card Nº: 99-62433
I.S.B.N.: 0-89729-895-0

Foto de la cubierta: Aldo Sessa
Diseño gráfico de la cubierta y fotos interiores: Carolina Sessa

Todos los derechos
son reservados. Ninguna parte de
este libro puede ser reproducida o transmitida
en ninguna forma o por ningún medio electrónico o mecánico,
incluyendo fotocopiadoras, grabadoras o sistemas computarizados,
sin el permiso por escrito del autor, excepto en el caso de
breves citas incorporadas en artículos críticos o en
revistas. Para obtener información diríjase a
Ediciones Universal.

Mis tres adioses a Cuba

Mis tres adioses a Cuba

Mis tres adioses a Cuba

Mis tres adioses a Cuba

Mis tres adioses a Cuba

Mis tres adioses a Cuba

Mis tres adioses a Cuba

Mis tres adioses a Cuba

Mis tres adioses a Cuba

Mis tres adioses a Cuba

Mis tres adioses a Cuba

Mis tres adioses a Cuba

Mis tres adioses a Cuba

Mis tres adioses a Cuba

Mis tres adioses a Cuba

Mis tres adioses a Cuba

Mis tres adioses a Cuba

Mis tres adioses a Cuba

COLECCIÓN CUBA Y SUS JUECES

EDICIONES UNIVERSAL, Miami, Florida, 1999

A la memoria de mi padre,
para el recuerdo de mis hijos.

ÍNDICE

A manera de introducción, por Luis Aguilar León 9
Por qué querer volver (poema) 12
Reencuentro (poema) 13
Prólogo 15
Estancia La Fernanda (Salto, Provincia de Buenos Aires, febrero de 1997) . 17
Visas y guayaberas (principios de junio de 1984) 20
Mi casa 29
Despedida 37
Más de mi casa (octubre de 1984) 48
Miss Powers 51
Aída y Juan José 56
Más preparativos para el próximo viaje a Cuba (febrero de 1997) 58
El Valle de Yumurí 62
Varadero (octubre de 1984) 64
La ansiedad ante el segundo viaje (marzo de 1997) 77
Un poco más de Varadero y recuerdos de Santiago de Cuba 80
Falta menos 91
Identidad 94
El embargo 96
El día de la llegada (viernes 21 de marzo de 1997) 99
Primer día en La Habana (22 de marzo de 1997) 106
Segundo día (domingo 23 de marzo de 1997) 122
Varadero, una vez más 126
Dos mundos de diferencia 136
Trinidad (martes 25 de marzo de 1997) 138
Cayo Coco y Cuba, hoy 144
Salud y libreta de racionamiento 154
Santiago, primera ciudad capital de Cuba 160
El Caney, Santa Efigenia y Silvia 165
Lujo en La Habana... sólo para turistas 175
Último día en La Habana. Tercer adiós 184
La Habana (poema) 189
La tapa de este libro (poema) 191

A MANERA DE INTRODUCCIÓN

Este libro no necesita una introducción, casi ningún libro la necesita. En última instancia un libro es un silencioso diálogo entre el autor y el lector. El texto es el puente. Ese puente puede quebrar el diálogo, o puede dejar en el lector la grata sensación de haber ganado algo, de haber enriquecido su mundo interior. En éste, la autora vuelca sobre el lector, con fresca espontaneidad, la acumulación de sus impresiones, anhelos y añoranzas de una Cuba de intactos paisajes que se deslizan dentro de la ominosa circunstancia actual. Para comprender ese doble reflejo es preciso conocer el trasfondo de quien escribe.

Se trata de una niña que era toda risa y juego a quien, a los nueve años, cuando lo cotidiano y familiar forman toda la extensión del mundo, la arrancaron súbitamente de ese mundo y se la llevaron, con las raíces al aire, con un dolor sin explicaciones, apretando la faz contra la ventanilla de un avión, cuyo despegue iba esfumando la imagen de la tierra que allá abajo quedaba. Esa era su tierra, la tierra de sus antepasados, la de su familia, la tierra que apenas si había comenzado a conocer y ya había aprendido a amar. Curiosamente, sin tener conciencia de ello, esa niña se llevaba a Cuba en las pupilas. Bajo la neblina que empañaba su mirada, ahogada por el lazo que le estrechaba el pecho, intuyendo, al observar la sombría faz de sus padres, que ese viaje tenía algo diferente y definitivo, Ani distendía los sentidos para absorber los instantes. Así se impregnó de Cuba. De toda Cuba. La que fue atisbo en su infancia, la que quedaba trunca en su recuerdo, y la que, íntegra y sonriente, iba a renacer en sus evocaciones. Si en ese momento alguien le hubiera preguntado a Ani si dejaba algo detrás, la niña hubiera podido revisar sus íntimas visiones y responder, como Bias, el filósofo, forzado a partir de su patria con sólo un hatillo de ropas, «nada se me queda: todo lo llevo conmigo».

A la Argentina fue a dar la familia de Ani, sin más recursos que el reconocido talento empresarial de su padre, Goar Mestre. En Buenos Aires, Goar abrió firme surco en la televisión nacional, sus hijos se prendieron del nuevo paisaje, aprendieron a amar al país natal de su madre, y ampliaron con nuevos miembros el ámbito familiar. A veces, sin embargo, a Ani, como una suave pena, como un dolor de rama trunca que anhela conocer la integridad del árbol, un deseo de volver a Cuba le susurraba adentro y le alzaba remolinos de recuerdos. No bastaba la estrecha visión que le impuso el duro marco de una ventanilla de avión, ni el borroso paisaje que rehacía su memoria. Allá todavía estaba Cuba. Y allá volvió dos veces con algunos de sus más cercanos familiares.

Este libro lo forman las notas tomadas en un viaje de retorno a la semilla. Aquí está el recuento de Ani, la mujer: el dolor ante los dolores humanos, la admiración ante los paisajes, la indignación eventual, los colores y los olores de su tierra. No pretende la autora abrir nuevos horizontes, alzar sobre otros su juicio, ni pedir juicio sobre sus sentimientos. Sólo quiere compartir con los cubanos, sobre todo con los exiliados, quienes cargan diferentes cuotas de dolor, el vigente rosario de sus impresiones.

De que esas impresiones emanan de una fuente limpia de intereses o prejuicios, de que Ani no ha suprimido o añadido nada para halagar o criticar a nadie, de que la ha movido fundamentalmente la voluntad de dejar un testimonio para su tribu, su familia y sus descendientes, doy fe. Mucho conversé con ella cuando me enseñó sus primera notas. Cuando terminé de leerlas le recomendé que las publicara. Creo que vale la pena recorrer el puente que ella tiende.

Luis Aguilar León

"No **bastaba la estrecha** visión
que le impuso el **duro marco de una** ventanilla de avión,
ni el borroso paisaje que rehacía su memoria".

Por qué querer volver

Nadie comprende por qué
muero por volver a verte.
Dicen que te encontraré
gastada y diferente,
que me desilusionaré,
que ni remotamente
te pareces al recuerdo
que conservo.
Yo sólo sé que muero,
muero por volver a verte.
Fuiste tú quien me vio nacer,
mi infancia de mar y sol,
suelo de mis primeros pasos,
de mis primeros sueños,
marco de mi primer amor.
Un día me fui y te perdí.
Me obligaron a perderte,
o me arrebataron de ti.
Es igual. De lo que no hay duda
es que no he dejado nunca
de pensarte y de quererte.
Para volver a ti, suficiente.
Pagaré el dolor que ello me cueste.
Yo sé que el tiempo no puede
cambiar el color, el rumor
de tus aguas transparentes.
El trópico no pierde el verde.
Bien podré reconocerte.
Quiero volver simplemente
para mirarte de frente.
Que me recorra la piel
la brisa suave y caliente.
Quizás así, estando allí,
en cuerpo y alma presente,
podré compartir contigo
esta pena permanente
de saber que te he perdido
sin remedio, para siempre.

(A mi Cuba antes de volver, 1983.)

Reencuentro

¡Qué poco falta, amor, qué poco falta
para volver a reencontrarnos,
unidas por el son y las maracas!
¡Qué poco falta! El tiempo apremia.
La vida se me escurre, se me escapa.
Tendida bajo el sol, borracha de mar,
de trópico, sumida en tu propia exuberancia,
soñaré que puedo dejar todo y arrebatada,
aunque sea un sólo instante, creeré que tu libertad
me puede liberar también a mí, de mis amarras.
No me empaña la ilusión de reencontrarte
saber que habrá entre nosotras
una distancia insoslayable,
que la mano ya está dada
y no hay cambio posible de barajas.
Tú allá, yo acá.
Furtivamente serán posibles los reencuentros.
Alcanzará. Me alcanzará volver a verte,
pero aún más: tendré la paz de saber que tengo
donde morir cuando te recupere.
Cuando vuelva a tener patria.

(Al sueño que tuve de poder recuperarte, Cuba.
Buenos Aires, 1991.)

Mi padre, nexo entre Cuba y yo, 1952.

PRÓLOGO

En la Antigüedad se aplicaba el destierro como el peor de los castigos. Hoy pienso que lo único peor que el destierro es sentirse toda la vida un desterrado. Sin haber sido una reflexión consciente, ésta fue la premisa con la que encararon mis padres el exilio. No sé cuál habrá sido la procesión que les correría por dentro durante todo ese tiempo en que reverberaba el cimbronazo del exilio. Lo que sí sé es lo que me transmitieron y cómo lo viví : la Argentina nos acogía y nosotros la adoptábamos definitivamente. Pasaba a ser no sólo nuestro presente sino también nuestro futuro y Cuba formaba parte de un pasado irrecuperable.

El hecho de que mi madre hubiera nacido en la Argentina seguramente contribuyó a que nos asimiláramos a este país más fácilmente, aunque quisiera destacar que, de haber podido hacerlo, mi madre hubiera elegido sin dudar un instante vivir en Cuba el resto de su vida. Adoraba a Cuba y a los cubanos y vivió allí sus años más felices.

Yo crecí en Buenos Aires con las marcas indelebles que deja, gracias a Dios, mi tierra natal, aunque me sentía muy bien en la Argentina.

Crecí en el destierro sin sentirme una desterrada.

A medida que pasaban los años yo notaba que no sólo estaba físicamente lejos de los cubanos de Miami, sino también lejos de sus ilusiones y de sus obsesiones. Lejos de la problemática del exilio. Mi vida había dejado de girar alrededor de Cuba hacía ya bastante tiempo.

Sin embargo, a medida que pasaban los años, al mismo tiempo que se afianzaban mis lazos con la Argentina (un marido y tres hijos argentinos contribuyen enormemente) fue creciendo en mí la necesidad de regresar a la fuente, a los orígenes, a mis raíces, a Cuba.

Ansiaba verla con mis propios ojos, agregarle a mi visión infantil mi visión adulta, reconocer mi esencia. Fue junto con la madurez, y a la altura de lo que suele ser la mitad del recorrido del círculo de la vida, enfilando ya hacia el tramo donde se junta el principio con el fin, cuando comprendí racionalmente lo que el corazón trataba de decirme; el amor por la tierra de uno no solamente jamás se pierde sino que crece a medida que transcurre la vida. La Argentina fue y es mi lugar por adopción pero (¿quién renunciaría a una madre verdadera?) Cuba es y será mi país.

ESTANCIA LA FERNANDA
Salto, Provincia de Buenos Aires, febrero de 1997

—¡Señora, señora! La llaman por teléfono. ¡Es el cónsul de Cuba!

Me costó salir de ese letargo que únicamente las siestas camperas producen. Estaba dormida con la ventana abierta y toda la vista de la pampa llana ante mí. Soñaba. Soñaba con absurdos cambios de roles en la vida de los que me rodean. Disparates tan vívidos que me costó mucho despertar, darme cuenta dónde estaba y reaccionar. Corrí al teléfono tan rápido como pude.

—Hola —dije.

—Ey... ¿Ana María?

Esa entonación tan familiar, tan cubana y además... escuchar mi nombre como reza mi documento... Nadie me llama así. Sonreí desde este extremo de la línea.

—Sí, ¿cómo le va?

—Pues aquí, muy bien. Quiero avisarle que ya recibí la autorización para que vayan ustedes a Cuba. Ya pueden pasar con sus pasaportes por la embajada, para que les otorguemos las visas.

Ahora sí, el viaje estaba en marcha. Más cerca de convertirse en una realidad que de quedar en un proyecto. No era el primer regreso a mi tierra. No se trataba de la primera vuelta, pero esta vez queríamos ir con nuestros hijos. Mi hermana y yo habíamos iniciado un operativo, nada sencillo, con miras a llevar a toda la familia durante la Semana Santa de 1997. Vaya coincidencia en la que reparo en este instante: estando allí, en Cuba, cumpliremos 37 años de haber tenido que dejar nuestro país para siempre. También se cumplirán tres años de haber perdido, en el término de una semana, a nuestros padres. Nuestro padre... tan cubano como sus tabacos, sus daiquirís, su ritmo y su sentido del humor.

Decía que no será éste el primer regreso. Será el segundo. Y nos conmoverá de otra manera.

Hace doce años, el primer regreso, fue la experiencia más sobrecogedora y movilizadora que he vivido en mis 46 años.

La historia de ese regreso comenzó en 1983, cuando Mirtha Legrand, famosísima actriz argentina, fue invitada a un festival de cine en La Habana. Antes de aceptar fue a pedirle su opinión a un amigo, a mi padre, Goar Mestre.

—No puedes rechazar la invitación —le dijo él—. Serás recibida como nunca te imaginaste. Ten en cuenta que el pueblo cubano ha visto una y otra vez, a lo largo de todos estos años, cine argentino. Mira, la filmoteca de CMQ, nuestra estación en Cuba, estaba abarrotada de esas películas y en ese país ha entrado poco cine. Han seguido repitiendo año tras año todas tus películas. Ve. Cuba te adoraba entonces y te debe de seguir adorando.

Luis Clarasó de la Vega, embajador argentino en Cuba, la recibió en la residencia de la embajada. Cuba entera la ovacionó.

Supimos luego que ese viaje emocionó a Mirtha Legrand hasta lo más profundo. El cariño que le demostró ese pueblo le llegó al alma.

Durante su estadía en La Habana, le comentó al embajador Clarasó que quería visitar la casa de los Mestre. Mi casa, la de mis padres, que justamente estaba situada a pocos metros, en la vereda de enfrente de la residencia argentina. La casa de los Mestre era, desde 1960, la Embajada de Portugal.

Clarasó arregló una visita. Mirtha recorrió la casa y cuando ya se iba, el embajador de Portugal le entregó algo que estaba apoyado sobre el escritorio. Tenía grabadas en letras doradas AMM, las iniciales de mi madre.

—Llévele esto a los Mestre. Ha estado aquí junto a todas sus cosas todos estos años.

Mirtha trajo a Buenos Aires aquel apoyacartas de cuero verde como quien trae un tesoro. En efecto, lo era. Organizó una comida íntima en su casa y con toda ceremonia se lo entregó a mi madre.

No sabré nunca si mi madre logró expresar toda la emoción que sintió ni lo mucho que significó ese regalo. De cualquier manera aquel fue el comienzo de esta historia.

—Yo quisiera tanto poder ir a Cuba... —dijo mi madre, entre otras palabras, a lo que Mirtha respondió:

—Cuando venga el embajador Clarasó en algún viaje a Buenos Aires, te aviso y se los presento.

VISAS Y GUAYABERAS
(Principios de junio de 1984)

Como casi todas las mañanas, mi madre me llamó por teléfono, sólo que esta llamada fue especial:
—Está acá, en Buenos Aires, el embajador de la Argentina en Cuba. Ha venido por unos pocos días y lo he invitado a comer a casa con Mirtha Legrand y su marido Daniel Tinayre. Supongo que querrás venir...
—¡Por supuesto!
—¡¡Ésta sí que es una comida que me interesa!! Mira si pudiéramos ir a Cuba...
—¿Verdad? Veremos cómo viene la conversación...

Fuimos todos los hijos con excepción de mi hermano que vive en Nueva York. Acosamos a Clarasó con preguntas llenas de ansiedad por saber todo sobre Cuba, lo que hizo evidente las desmedidas ganas que teníamos de volver. Hubieran sido imposibles, por otra parte, de disimular.

Durante el segundo plato y con la gentileza que caracteriza a quien luego resultó un queridísimo amigo, Clarasó dijo:
—Si quieren ir a Cuba están invitados a la Embajada Argentina.

Nosotras, las mujeres de la familia, le auguramos a Clarasó:
—En menudo lío te estás metiendo porque de veras queremos ir. ¡¡Morimos por ir!!

Papá, ya más en serio, le dijo:
—De veras... ¿tú crees que yo podría ir a Cuba?

No supimos más, por un tiempo, de Luis Clarasó de la Vega, quien retornó a Cuba a los pocos días de nuestro primer encuentro.

Algunas semanas después de esta comida, mi padre recibió en su oficina un llamado que lo estremeció.

—Lo llaman de la Embajada de Cuba. El embajador quiere hablar con usted.

Hablar con el representante de Castro significaba casi como hablar con el enemigo o con el representante del enemigo máximo.

—Señor Mestre: he recibido un telex de nuestra cancillería. El embajador argentino en La Habana ha hecho una gestión ante las autoridades. Tengo instrucciones de hablar personalmente con usted para hacerle extensiva una invitación para que pueda usted visitar Cuba.

—Embajador, muy agradecido. Le propongo que nos encontremos... pero, ni en su oficina ni en la mía.

Con su habitual sentido del humor, papá agregó:

—Le sugiero un territorio neutral. El bar del Plaza Hotel a las cinco de la tarde.

—Encantado, allí lo encontraré.

Papá lo había dicho en tono de broma pero lo cierto es que lo pensaba. El Plaza era el territorio más neutral que se le podía ocurrir.

Un cúmulo de sentimientos contradictorios lo obligaban a debatirse internamente. Se mezclaban muchas cosas, demasiado dolor en el camino, resentimientos más que justificables y al mismo tiempo había de por medio una gestión diplomática del embajador Clarasó...

Había que hacerle frente al encuentro. Lo primero sería poner los puntos sobre las íes, decidió.

Pobre embajador. Nunca imaginó la perorata que este compatriota, enemigo del régimen, lo obligaría a escuchar.

—Embajador, antes que entremos en tema quisiera aclarar algunos puntos fundamentales para dejar sentada mi posición ante su gobierno... Yo no puedo conversar con usted si antes no le hago una reseña de mi historia, que a lo mejor usted no conoce.

Y así fue como comenzó una abreviada, pero no mucho, historia de los hermanos Mestre. De cómo el régimen injusto y totalitario de Fidel Castro les había arrebatado todas las empresas que en buena ley habían formado y que tanto habían contribuido al desarrollo económico de Cuba. Que el despojo de lo material no había sido lo más duro de soportar, sino el destierro y tantas otras razones por las que no podía dejar de señalar cuánto disentía con el gobierno de Castro.

El embajador, quien luego demostró ser un señor de palabra, soportó la filípica, no dejando de reconocer, además, que en muchos puntos su interlocutor tenía razón.

—Desgraciadamente, errores se cometen siempre. Las revoluciones son a veces injustas. Yo quisiera, de cualquier manera, hacerle extensiva, formalmente, esta invitación oficial para que usted visite Cuba.

Tanta oficialidad en la invitación echaba por tierra su sueño más preciado. Papá no podía volver a ver su bienamada tierra natal. ¿Cómo aceptar una invitación oficial? Imposible.

—Embajador, no sabe cuánto se la agradezco, pero mis negocios me tienen por demás complicado en Buenos Aires. Las que seguro aceptarán encantadas son mi mujer, que es argentina, y mis hijas, que están locas por emprender este viaje sentimental.

—Dígale a su señora y a sus hijas que las recibo en la embajada, cuando lo deseen, para cumplir con las formalidades de los documentos.

Pocos días después Clarasó llamó desde Cuba reiterando su invitación para que nos alojáramos en la Embajada Argentina en La Habana. No lo podíamos creer. Estaba dispuesto a seguir adelante y recibir en su casa a cinco personas prácticamente desconocidas con las que había tenido contacto una sola vez, durante una comida.

Aceptamos felices la invitación ya que ésta era la única forma en la que nos atrevíamos a volver a Cuba. Por qué negarlo, teníamos miedo.

El grupo lo componía una mayoría argentina; mi madre, el marido de mi hermana, Poli, y mi marido Roberto. La minoría cubana, mi hermana Ali y yo.

Pocos días después de la conversación entre mi padre y el embajador cubano, concertamos una entrevista en la sede del gobierno cubano en la Argentina, para iniciar los trámites de las visas. La Embajada de Cuba en la calle Virrey del Pino, en lo mejor del barrio de Belgrano en Buenos Aires, había sido adquirida poco tiempo antes por el gobierno cubano, pagando por ella una verdadera fortuna.

Teniendo en cuenta que corría el año 1984 es fácil imaginar que, para nosotros, traspasar el umbral de la sede diplomática resultaba atemorizante. Era la misma sensación que atravesar la Cortina de Hierro. Llenos de aprensión nos adentrábamos en territorio hostil, en las filas enemigas.

Mi marido Roberto, y yo, llegamos a la cita un poco más tarde. Mi madre, Ali y Poli ya estaban reunidos con el cónsul y el embajador cuando nos unimos al grupo.

Inmediatamente nos dimos cuenta de que el cónsul era un fanático revolucionario, y no un diplomático contemporizador como el embajador, que estaba más acostumbrado a este tipo de encuentros.

Hasta que estalló en nuestros oídos la siguiente frase:

—Estaríamos muy contentos de que consten personalmente los logros de la Revolución.

Nos erizamos al oír las palabras del cónsul. Nos contuvimos y refrenamos nuestro impulso por iniciar una verdadera batalla verbal, solamente por educación y por no provocar un incidente que echara por tierra el sueño de poder volver.

Mamá, sin embargo, taladrándolo con la mirada le contestó inmediatamente y sin vacilar:

—Nosotros estamos encarando este viaje como un viaje sentimental y no político. No queremos ver ningún logro de la Revolución porque para nosotros no ha habido ningún logro. Óigame, el exilio es cosa muy dura.

Sonriendo irónicamente el cónsul dijo:

—Bueno, pero tan mal no les fue...

Mamá, con ese autocontrol que siempre tuvo, con tono seco y firme, sin titubear le respondió:

—No se trata de cómo nos fue materialmente, que sí, en efecto, nos fue bien, pero nada compensa el haber obligado a mis hijos a crecer lejos de su patria o haber separado la familia de mi marido.

Acto seguido lo miró al embajador y le dijo:

—Embajador, si me permite, quiero hablar con usted en privado.

—Acompáñeme, por favor.

Se levantaron y nos quedamos nosotros con el cónsul.

Mi madre luego nos contó que encaró al embajador y le dijo:

—Embajador, disculpe que esto lo quiera hablar a solas con usted. Le reitero que este es un viaje sentimental y nada tiene que ver con lo político. Mis hijas quieren conocer su país, ir a la tumba de sus abuelos, ver la casa donde nacieron. No queremos ni oír hablar de la Revolución. Además, voy a pedirle que me dé su palabra de honor de que no se nos usará políticamente, durante nuestra estadía en Cuba. Que no se nos obligará a saludar a ninguna autoridad, y que no se divulgará en el país nuestra visita.

—Señora, tiene usted mi palabra de que así será.

Y así fue. Cumplió a raja tabla con su promesa.

Han pasado casi trece años desde entonces. La Guerra Fría terminó, el comunismo de la extinta U.R.S.S se ha evaporado y Cuba, más bien Castro, se obstina en seguir siendo marxista, pero recurre a los dólares que el turismo puede proporcionarle y cuya tenencia ha dejado de ser ilegal para los cubanos.

Europa comercia con Cuba y el turismo se intensifica. Cuba es otra y nosotros, después de aquel viaje, también.

En aquel primer encuentro con nuestra querida Cuba, en 1984, tiempo en el cual supuestamente el mundo se movía en base a ideologías, nos llenó de escepticismo constatar que no era así. Sin embargo, el enemigo era tangible y la presencia de la Unión Soviética muy fuerte.

Estos doce, casi trece años no han pasado en vano. Esta vez, nuestra visita a la embajada en pos de una visa fue totalmente diferente. El flujo de turistas argentinos que van a Cuba es intenso.

En 1997 nos encontramos con una burocracia comunista un poco distinta. Una burocracia comunista dolarizada al máximo. Cualquier recurso, trámite, inscripción o autorización resulta una buena excusa para recaudar divisas norteamericanas. Por ello mientras más engorroso pareciera el trámite, mejor justifica un arancel alto.

—Primero tienen que inscribirse en la embajada como cubanas residentes en Buenos Aires. Valor de inscripción $15. Acto seguido hay que pedir a Cuba una autorización para ver si pueden viajar con pasaporte argentino. Demora entre quince días y un mes. Si viene una respuesta negativa entonces tienen que sacar pasaporte cubano que tarda un mes y cuesta $150. Si la respuesta es afirmativa entonces solicitan aquí la visa que les cuesta $40. Todo pagadero únicamente en dólares billete.

Entramos en pánico cuando nos dimos cuenta de que si realizábamos los trámites normalmente no llegaríamos a tiempo para ir a Cuba en Semana Santa. Quince días para una cosa, un mes para la otra...

Acudimos una vez más a nuestro gran amigo, el ex embajador argentino en Cuba, Clarasó de la Vega, ya radicado definitivamente en la Argentina.

Pocos días después y gracias a su intervención, quedó arreglada la entrevista con el actual representante del gobierno cubano en la Argentina, el embajador Rodríguez.

Volvimos a la embajada en la calle Virrey del Pino y esta vez nos dirigimos, mi hermana y yo, a las oficinas privadas del embajador. Atravesamos la planta baja de esta magnífica residencia y nos dirigimos al ascensor para subir al primer piso.

Apenas se abrió el ascensor nos envolvió un olor a tabaco muy familiar.

¡Ese incomparable aroma que sólo tienen los tabacos cubanos! Las dos reaccionamos igual. Pensamos en nuestro padre. Era como si fuéramos a encontrarlo en el cuarto de al lado. Años atrás podíamos «olfatear» si había llegado a casa con tan sólo pisar el hall de entrada del edificio. O en el peor de los casos, lo constatábamos apenas abríamos el ascensor para subir a su piso.

Nos recibió Laurita, la secretaria personal del embajador, dulce y cansina, y nos entretuvo hasta que apareció su jefe.

Nos habían advertido que detrás de un gesto adusto había un hombre agradable. Su apariencia de figura imponente, con barba y bigote solía amedentrar. Yo me había hecho una fotografía mental del personaje. Lo dibujé y lo vestí en mi imaginación, pero me sorprendió. Me sorprendió su guayabera blanca y planchada.

Tanto como me sorprendió, 14 años atrás, la guayabera que lucía el embajador Clarasó de la Vega, cuando fue a recibirnos en el aeropuerto de Rancho Boyeros, en Cuba, en octubre de 1984. Cuesta imaginar una «guayabera» en Buenos Aires tanto como a un argentino enfundado en «guayabera». Fue, ambas veces, una sorpresa agradable.

Me gustó que Clarasó hubiera asimilado las costumbres de Cuba tanto como para vestirse como los cubanos. Sin embargo, cuando yo era niña, los señores se ponían sus guayaberas de puro hilo solamente los fines de semana, o después del trabajo, al cual acudían vestidos de riguroso traje de hilo blanco de una tela llamada «Dril 100». Pero en la Cuba de los '80 nadie usaba saco ni corbata y sí esta típica camisa blanca con cuatro bolsillos y alforzas pespunteadas.

Al salir de Migraciones —decía—, para nuestra gran tranquilidad, estaba Clarasó muy «enguayaberado» esperándonos. El trámite migratorio había sido un trago duro, hecho por cada uno de nosotros a solas y en forma individual, con un soldado con cara de pocos amigos y tono militar al estilo de la Gestapo. Fue pues un alivio inmenso encontrar luego, a nuestro anfitrión. (Anfitrión y casi Ángel de la Guarda.)

Hombre de inusual sensibilidad, supo ponerse en nuestro lugar, para lo cual pensó en todos los detalles de nuestra visita. Hasta planeó el recorrido que debían hacer los autos para llevarnos desde el aeropuerto hasta la residencia argentina en el antiguo barrio del «Contri» que no era otra cosa que el Country Club, rebautizado «Cubanacán» en los tiempos de Fidel.

De haber tomado por el camino más corto, no habríamos pasado por adelante de nuestra casa antes de llegar a la embajada. Y en realidad, lo único que queríamos con toda la ansiedad del mundo era verla.

Para cada una de nosotras representaba cosas diferentes. Para mamá, la casa de sus años más felices, pensada, construida y decorada por ella y por mi padre. Para mí, a los nueve años, esa casa y su jardín eran casi todo mi universo. Casa y país, una sola cosa. Mi infancia y mi casa también un todo. Tan así que, haber tenido que dejar Cuba significó, además de lo que implica el desarraigo, abandonar mi infancia de un día para otro. Mirando para atrás siento que dejé de ser niña el mismo día que dejé Cuba y mi casa.

El viaje de regreso se había iniciado como dijera antes, en octubre de 1984, en Buenos Aires, haciendo una escala en Panamá. Luego, embarcarnos en otro avión hacia La Habana. Mi madre, mi hermana y yo nos tomamos el pulso varias veces a medida que el vuelo se aproximaba, comprobando que las pulsaciones aumentaban notablemente, sobre todo las de mi madre. El corazón se nos salía por la boca. Antes de aterrizar, habíamos estado hablando y preguntándonos entre las tres, cuánto recordábamos de «Sabicú», que así se llamaba la casa, y la madera que predominaba en su construcción. Hasta yo me asombré de poder dibujar perfectamente un plano, aunque estaba consciente de que la escala sería otra. Todo resultaría mucho más chico, ya que mis ojos mirarían desde otra altura. Recordaba detalles que asombraron a mamá. Muchos, gracias a Lucy Schurch.

Una tarde de 1960, pocos días antes de tener que escapar de Cuba, Lucy, la maestra de francés que venía a diario a mi casa, y a quien yo adoraba, me dijo:

—Ani, ustedes se van a tener que ir como le sucedió a tanta gente en Europa, a causa de la guerra. Vas a tener que dejar tu casa y tu país y yo quiero que la recuerdes para siempre. Quiero, Ani, que ahora la recorramos toda, observando los detalles.

Grité, lloré, la insulté, le dije que era mala porque aquello no era posible. ¡¡Yo nunca tendría que irme de «MI» casa!! Y además, agregué más o menos esto:

—¡¡Yo no necesito recorrer nada porque tan de memoria conozco esta casa que soy capaz de hacerlo con los ojos cerrados sin llevarme nada por delante y decirte lo que hay en cada rincón!! ¡¡Te apuesto lo que quieras!!

Siempre tuve mucha memoria y tengo presente ese día como si fuera hoy.

Mademoiselle Lucy y yo empezamos por el pasillo adonde daban los cuartos. Salí de mi cuarto a la derecha y pasé primero por el cuarto de mis hermanos, luego por el «playroom» donde tomaba mis clases de piano y de allí a la zona habitualmente prohibida: la recepción.

Solíamos entrar solamente con mamá o papá, pero ello sucedía casi todas las noches cuando acompañábamos a papá a ver un rato de televisión. Nos instalábamos frente a aquel mueble inglés, un «breakfront», cuya parte central tenía una persianita corrediza que ocultaba un aparato de televisión...

Seguí el recorrido y recuerdo haber mencionado las cajas de laca china contiguas a la puerta corrediza que desembocaba en una galería que daba al patio interno de la casa. Allí, donde la fuente siempre tenía más renacuajos de los deseados, y algunos pececitos anaranjados que no lograban sobrevivir demasiado tiempo. Hice trampa más de una vez con tal de no perder mi apuesta. Entreabría un ojo y continuaba. Uno de esos pantallazos lo conservo con total nitidez; espié cuando debía describir el cantero próximo a la ventana del cuarto de mis padres. Nunca antes había reparado en las distintas formas de las hojas de aquellas plantas.

Siempre le agradecí a la adorable «mademoiselle» haberme preparado. Yo veía valijas a medio hacer con toda discreción, guardadas en las puertas altas de los «closets»: algo raro e importante estaba ocurriendo en mi casa y de ello no se hablaba.

Mamá, demasiado angustiada con la situación imperante en Cuba, nunca pensó en prepararme a mí para el exilio. Hubiera sido un problema más que afrontar, y además... «qué podía yo entender», habrá pensado.

Lucy sabía que bastante. Lo suficiente. A los nueve años se comprende y mucho.

MI CASA

El recorrido ideado por el embajador Clarasó de la Vega, entre el aeropuerto y las proximidades de la embajada, se me hace largo hasta que aparece ante nuestros ojos, mi casa. Pasamos despacio y no sé si puedo describir lo que pasó dentro de mí. Fue como una explosión de angustia, de emoción, de tristeza incontenible. Creo que luego comprendí lo que es la congoja. Lloré con verdadera congoja, a mares, tratando al mismo tiempo de contener el llanto pero sintiendo que el nudo de la garganta me ahogaba.

Allí está, medio oculta por ese enorme ficus de la rotonda de entrada cuya altura, según las fotos de años atrás, apenas alcanzaba a sobrepasar un poco el techo del segundo piso por encima del garaje. Esa escala sí que es otra. Este árbol tiene mucho trópico y muchas lluvias acumuladas durante casi veinticinco años. Mide no menos del doble. Las palmas, a cada lado de la entrada, plantadas por mamá poco antes de nuestra partida, están gigantescas. La casa apenas se ve pero allí está. El sueño de poder volver a verla algún día, en este instante se convierte en realidad.

¡Qué emoción, qué alegría y cuánta tristeza! ¡Qué llanto incontenible el mío!

Estoy volviendo a ver mi casa.

Seguimos hacia la residencia argentina y apenas dejamos el equipaje en nuestros dormitorios salimos al jardín a tomar un café y disfrutar del atardecer bajo los árboles. Estábamos exultantes, conmocionadas y también felices. La magia del trópico empezó a ejercer su hechizo no bien llegamos. Es difícil describir lo que produce tanta exuberancia. La vegetación lo va envolviendo a uno en cuerpo y alma. Es como un encantamiento, una suerte de hipnotismo.

Luego de comer, Clarasó y su mujer nos tenían preparada una sorpresa para cerrar con broche de oro lo que había sido un día absolutamente inolvidable: La Habana Vieja de noche.

Fuimos en auto hasta la Plaza de la Catedral y allí nos bajamos. Me sentí turista. Lejos de la niña que volvía a su infancia, me asombré con una belleza que no esperaba encontrar. Cuando pensamos en la época de la Colonia, los que hemos crecido en la Argentina, nos vienen a la mente construcciones similares a las de algunas casonas del barrio porteño de San Telmo o el Cabildo de Plaza de Mayo. El estilo colonial de La Habana resultó ser totalmente diferente. Allí las edificaciones eran de piedra, anchísimas paredes medievales, y arcos de medio punto gigantescos. Esto estaba más cerca del «castillo del señor feudal» que de «la casita blanca con la reja». Habla de una España colonizadora poderosa rica e imponente. Toda la presencia rotunda de la Corona. La Plaza de Armas, con la Casa de los Capitanes Generales, con su patio interno lleno de plantas inmensas, muros de piedra de medio metro de ancho y columnas contundentes sosteniendo las arcadas.

Los faroles de las calles, auténticos de la época, han sido sacados del Museo de la Ciudad y devueltos a su ubicación original. El pavimento ha sido levantado para dejar a la vista los adoquines en perfecto estado de conservación. La estatua de la Giraldilla se veía iluminada. Caminamos por calles desiertas donde muy bien podía haber aparecido un caballero de capa y espada, el capitán de una carabela, un conquistador del Nuevo Mundo.

Fue un paseo para el asombro y una satisfacción íntima muy especial. No sólo estábamos de vuelta, sino que además La Habana Vieja nos sorprendía con su belleza.

Así fue mi primer día en La Habana. El primer día de aquel reencuentro que si bien me dejó eufórica también me sumió en el desconcierto.

Mi problema de identidad se hallaba lejos de estar resuelto. Antes de llegar pensaba que mi tierra y yo nos reconoceríamos inmediatamente. Sin embargo, empezaba a sentirme como Cabral que cantaba «no soy de aquí ni soy de allá». Traté de llevar un diario pero tanta emoción no me dejaba exteriorizar ni siquiera en palabras lo que estaba pasando en mi interior. Saturada de excitación y sacudida hasta lo más profundo, no podía expresar a viva voz ni por escrito lo que estaba viviendo.

Tardé dos años en poder escribir algunos pocos versos que rememoraban momentos de aquel viaje. Me encerraba con mis cuadernos de apuntes en el comedor de mi departamento en Buenos Aires con la intención de escribir, aprovechando el silencio de la noche, y no podía. Lloraba. Lloraba sin parar. Con cada verso que esbozaba, me largaba a llorar sin poderme contener. Así estuve casi dos años hasta poder plasmar en papel parte de lo que había vivido. Dos años para resolver además mi problema de identidad.

El embajador Clarasó, a quien ya llamábamos familiarmente Bebe, como lo hacen sus amigos, nos tenía preparado para el día siguiente lo más trascendente de nuestra visita.

Él sabía, intuía, que poco podríamos digerir de aquel viaje si antes no visitábamos la que fuera nuestra casa que, desde 1960, era la Embajada de Portugal. Por eso arregló que los embajadores de Portugal nos invitaran a almorzar allí, al día siguiente de nuestra llegada.

Esa mañana temprano, con el mismo estado de excitación del día anterior, nos fuimos a recorrer el barrio del Country.

Salimos a caminar mamá y yo solas y lo primero que hicimos fue pararnos un rato frente a la entrada de nuestra casa. Miramos. Diría que en silencio y con calma nos la bebimos con la mirada.

Seguimos luego hacia la esquina donde doblamos a la izquierda enfilando hacia lo de mi tío Luis Augusto, casa que linda con la nuestra por el jardín. Se dice que esta casa es una de las preferidas de Fidel. Es sabido que el comandante duerme cada noche en una residencia diferente, todas ellas lógicamente propiedad del Estado, y administradas por el departamento de «protocolo» del Gobierno. Del lado de enfrente, cada una de las entradas de las casas, a lo largo de esa cuadra, se hallaba custodiada por milicianos.

Poco pudimos espiar la casa de Tío Luis Augusto. Un enorme e impenetrable muro la resguardaba de los curiosos y supongo que de los posibles atentados. La vigilancia era intensa.

La vegetación de esa calle era tan subyugante como toda la de los alrededores. Las raíces de los árboles sobresalían por encima de los baldosones de la vereda, y pequeñas lianas colgaban mezcladas con el follaje espeso. Más parecía la selva que un barrio residencial.

Mamá tropezó con una de esas raíces y casi se cae.

Agarrándole del brazo le advertí riéndome:

—¡No vayas a romperte un pie aquí que se nos arruina el viaje!

Reímos. Nuestro estado de ánimo era una mezcla de efervescencia, euforia, excitación, ansiedad, asombro e incredulidad. Estábamos viviendo una singular experiencia muchas veces añorada y además teníamos la dicha de poder compartirla.

Algunas casas abandonadas a su suerte, propiedad también del Gobierno pero sin acondicionar o restaurar, estaban siendo tragadas, devoradas, por la vegetación. Tal el caso de la casa de Godoy, muy cerca de la nuestra. Las raíces atravesaban las paredes como si fueran de papel.

Al paseo de mamá y mío se unieron luego los demás y nos fuimos rumbo al «laguito». Yo moría por ver, aunque fuera sólo desde afuera, la casa de mi mejor amiga, Titi, con quien nunca más he vuelto a tener contacto. Unos milicianos custodiaban la entrada a la calle de acceso cuyo cartel decía: «Está prohibido pasar».

Nos hicimos los distraídos y avanzamos algunos metros más por dicha calle. Nos gritaron fusil en mano y retrocedimos. A los pocos minutos un auto blanco tipo Fiat 1500 nos cortó el paso.

—¿De dónde son?

—Estamos en la Embajada Argentina —dijimos con el acento más porteño-argentino que ningún cubano haya escuchado jamás.

—Por allí no se puede pasar. Está prohibido. Y no se pueden sacar fotos.

Acabábamos de conocer al jefe de manzana y eso nos infundió bastante temor.

Regresamos a la embajada para prepararnos para el almuerzo. Junto con Bebe y Susana cruzaríamos la calle en diagonal, la Avenida 21, y entraríamos al número 15015, nuestra casa.

Mamá iba adelante con Clarasó. Todos nos detuvimos juntos ante la puerta de entrada bajo el escudo de Portugal y tocamos timbre.

Creo que fue la única vez que toqué el timbre de mi casa y la única vez que entraría por la puerta principal. Durante mi infancia lo habitual era hacerlo por la cocina, donde la puerta estaba siempre abierta y sólo había que tirar del mosquitero de vaivén.

¡Cuánto hubiera preferido ver la casa deshabitada!

Se abrió la puerta.

El hall de entrada parece otro. Su aspecto no es el que esperaba. Los muebles originales no están.

Luego nos dicen que dos años antes de nuestra visita, el gobierno de Portugal amenazó con dejar la casa por el elevado costo del alquiler que el gobierno pretendía fijar. Embajador y Gobierno negociaron (sobre nuestra casa) y llegaron al siguiente arreglo: la casa sería vaciada y de allí en más se alquilaría sin muebles por un monto menor. Los muebles fueron llevados a un depósito que el Gobierno tiene para abastecer todas las casas del departamento de protocolo.

Nos hemos perdido de ver nuestros muebles por apenas dos años.

Los embajadores de Portugal nos reciben muy amablemente pero no parecen entender cuánto significa para nosotros estar allí. No se ponen en nuestro lugar, no comprenden el despojo al cual fuimos sometidos ni a la serie de emociones que nos embargan desde el preciso momento en que cruzamos la puerta de entrada.

Muy a nuestro pesar nos contienen en la sala, obligándonos a un «cocktail». Lenta y disimuladamente Ali y yo nos acercamos a la puerta corrediza que da al porche y al patio de la fuente. ¡Desbordamos de ansiedad por recorrer la casa! Intentamos sigilosamente deslizar la puerta corrediza pero años de poco mantenimiento y engranajes seguramente oxidados nos hacen resistencia. No sólo no puedo abrirla, sino que la embajadora de Portugal se da cuenta y nos dice que por favor permanezcamos allí. Le preguntamos si podemos recorrer la casa y nos dice que no. Que preferiría que no.

Intervienen en el tema el embajador de Portugal y mi madre que insiste fervientemente. Yo agrego:

—Morimos por recorrer la casa. Yo quisiera ver mi cuarto.

Ali pide ver el suyo y ante tanta presión no le queda al embajador mas remedio que acceder, siempre que nuestro recorrido se haga después del almuerzo. Pide a continuación que sepamos disculpar el mal estado en que se halla la parte de adentro de la casa.

Pasamos a través del patio al comedor, y comprobamos con alegría que el enorme bar de madera clara, y la inmensa lámpara de hierro amurada a la pared de atrás, están intactos.

Del otro lado del patio, podemos echarle un vistazo al «shelter» donde solíamos almorzar todos los días con mamá, pero no parece el mismo. Esta especie de galería que se conecta por un lado al jardín y por el otro al patio de la fuente, tampoco tiene ya los muebles informales de madera, ni la colección de cencerros antiguos, ni los adornos de hierro forjado.

Queda en evidencia una de las vigas de madera partida y sin reparar. Por añadidura, no hay barniz en Cuba, y esta casa era, originalmente, pura madera barnizada. En su reemplazo se ha usado pintura marrón. El resultado, como es de suponer, no es bueno.

Nos sentamos a la mesa, almorzamos y cada bocado se hace eterno. No sabemos cómo sobrellevarlo. El corazón nos está por estallar de ansiedad e impaciencia por ver el resto de la casa. Los latidos acelerados como tiros de ametralladora nos retumban en los oídos y en la garganta. Una verdadera tortura.

Los «appliques» de la pared son los nuestros, pero el aire acondicionado mal ubicado al lado de uno de ellos hace tintinear los pequeños caireles de cristal. El aire acondicionado central con el que había sido construida la casa dejó de funcionar hace varios años y la falta de repuestos obligó a la instalación de aparatos individuales en cada uno de los ambientes con la antiestética consecuencia.

Terminamos de almorzar y por fin el dueño de casa (?) nos invita a recorrerla. No nos dan los pies.

Es fácil comprender por qué no querían que la viéramos; está despintada, llena de humedades, mal tenida, venida abajo.

Entro en mi cuarto. El empapelado de lunares celestes salpicado de lacitos ya no está y en su reemplazo las paredes están manchadas y descascaradas. Las cortinas blancas y celestes en «point d'esprit» tampoco existen ya, pero en cambio me estoy encontrando nada menos que con mi cama; también mi escritorio. Han pasado veinticuatro años y han sobrevivido a todos los cambios. Son los únicos muebles que no se ha llevado el Gobierno. Probablemente porque nada valen. Nada valen para ellos, pero para mí...

Recorro toda la casa. El cuarto de vestir de mamá conserva el empapelado pero está arrancado en partes y todo amarillento. Se me está estrujando el alma.

El cuarto de Ali tiene mi otra cama. Los baños están todos exactos. El cuarto de mis hermanos varones está totalmente vacío y no hay nada que me recuerde su apariencia original.

Entro al «playroom» y me impresiona cuánto más chico es de lo que yo lo recordaba. Salimos por allí a la parte del jardín a la que llamábamos «la pista». El pavimento medio rosado forma una rotonda por la que andábamos en bicicleta o patines. La casita donde en un tiempo guardábamos las bicis y que luego Robi, mi hermano, convirtió en la casita del tren eléctrico, está cerrada. En el centro de la pista, bordeando el círculo de la rotonda, han plantado en hilera anacrónicos árboles de plátanos.

Pasamos a lo que propiamente considerábamos el jardín.

Me quedo sin aliento. No puedo creer lo que veo. Una espesura verde intensa, majestuosa, desbordante de frondosidad, se interpone a una altura descomunal entre el cielo y yo. Me da un vuelco el corazón.

El jardín entero, aumentada descomunalmente la escala, está veinticuatro, casi veinticinco años, más lindo. Los mismos años que han dañado mi casa, han embellecido el jardín. Tan compactas resultan las copas de los árboles que la sombra impide que crezca el césped. El suelo está tapizado por una densa alfombra de una variedad de potus: malanga. En lo alto, el árbol de uva caleta se junta con el flamboyant y con el ficus gigante. Muy próximo a ellos los árboles de aguacate y a continuación las palmas reales que bordean la piscina y parecen llegar al cielo. Me detengo con la mirada sobre mi árbol agigantado y tengo la misma sensación que tuve al ver el ficus de la entrada. Este derroche de fertilidad tropical me llena de excitación, de euforia. Tengo unos deseos locos de salir corriendo a treparme al árbol, mi árbol, el de los juegos infantiles. Ali me detiene: «No se te ocurra».

Caminamos por todo el jardín y vemos a mamá que se agacha a recoger un aguacate maduro del piso diciendo:

—Mis aguacates... Mira como están dando fruta mis aguacates. ¡Cómo han crecido! —exclama como si estuviera pensando en voz alta.

La embajadora se sorprende. Hasta ese momento no se ha percatado que tiene allí no más, árboles de aguacate, de palta. Tanto desinterés nos lastima; resulta incomprensible, impensable para mi madre para la cual cada árbol tiene un valor incalculable. No sé cómo puede contener su indignación ante tanta indiferencia. ¡¡Cómo puede esta señora no haberse dado cuenta de los árboles que tiene en su propio jardín!!

Me detengo al lado de la piscina en el extremo izquierdo, bastante cerca de la puerta que había antes en el cerco y que servía de conexión entre esta casa y la de Tío Luis Augusto. Es precisamente por allí, veintitantos años atrás, por donde accedimos a la calle lateral para escapar rumbo al exilio evitando la vigilancia de los milicianos apostados enfrente de la entrada principal.

DESPEDIDA

Sucedió un martes, el 27 de marzo de 1960. Allí, agarrada de la mano no sé si de mi madre o de mi hermana, me despedí de mi casa, de mi niñera Caridad, de mi querida Lucy, del inefable Alfonso el mucamo. Y sin saberlo, de mi país. Creo que alguna de mis tías también estaba allí. Llorábamos todos.

Papá se había ido dos días antes, el 25 de marzo, con mis hermanos varones y había logrado escapar con éxito. La nuestra era una partida inesperadamente apresurada. Los hechos se habían precipitado y aquello que mi madre repetía, «con una argentina no se van a meter», no se había cumplido.

Aproximadamente el 20 de marzo se había desencadenado la crisis.

En la CMQ, la estación de T.V. que tenía mi padre con sus hermanos, había un comentarista político de enorme influencia y repercusión, que salía al aire diariamente. El matiz «socialista-comunista» de las medidas del gobierno y la verdadera ideología de Fidel Castro empezaban a vislumbrarse. Había que decirlo. El pueblo de Cuba debía saber que la revolución no llamaría a elecciones, que lo que Fidel Castro se proponía era instaurar el comunismo en la isla. Pero, ¿cómo atreverse?

Este comentarista, Conte Agüero, se presentó en las oficinas de mi padre y les planteó a los Mestre lo que quería decir al aire. La reacción fue resumida en pocas palabras:

—Si habremos de morir, muramos de pie. Di lo que tengas que decir y veremos qué pasa.

No alcanzó a hacerlo. Apenas anunció en su programa que al día siguiente desenmascararía a Fidel Castro y denunciaría su verdadera ideología, se desató el infierno.

Papá vio desde la ventana de su oficina cómo los activistas, que se distinguían del resto de la gente por un pañuelo blanco que llevaban anudado en una mano, azuzaban a la multitud agolpada frente a la estación de T.V.

Alentaban con el cántico a que el Gobierno apresurara las medidas en contra de la CMQ:

«CMQ... ¡confiscación! CMQ...¡confiscación!»

No sé cómo papá salió de su oficina. Nos fuimos de la casa de la ciudad, a la casa de la playa. A Varadero. Era Semana Santa. Jueves o Viernes Santo.

Previendo que la situación en Cuba podía agravarse y que podía darse el caso de tener que escapar, mis padres decidieron que mientras más hijos tuvieran fuera del país, más fácil sería el operativo. Por eso hasta mi hermano Eduardo, de sólo once años, había sido enviado en enero al colegio en Boston. La mala suerte quiso que la crisis se produjera justo en una semana de vacaciones en que estábamos todos en La Habana.

Mis padres habían invitado ese fin de semana a un amigo americano a quien lograron atajar antes de que tomara su avión, llamando al aeropuerto de Miami.

—Te desinvito —le dijo papá—. El clima está divino pero se avecinan tempestades —le vaticinó a su amigo, que comprendió inmediatamente.

Ese viernes, además, el gobierno había intervenido la CMBF (el canal 4) usando como excusa que uno de los socios minoritarios había sido simpatizante de Batista.

El círculo se estaba cerrando cada vez más sobre los Mestre.

Desde una estación de radio, un periodista, Pardo Llada, muy influyente también, comenzó una intensa campaña pidiendo prisión para los traidores de la CMQ: para Goar Mestre, que era la cara más visible del negocio.

El ambiente se fue caldeando. Mis padres decidieron volver a La Habana ese mismo sábado.

Nosotros, los chicos, quedamos en Varadero al cuidado de mademoiselle Lucy.

Supe luego que esa misma tarde de Sábado Santo, en cuanto llegó papá a La Habana, hicieron una reunión de directorio en el jardín de mi casa, bajo los árboles. Era tal vez el único lugar donde se podía hablar sin temor a los escuchas y a los delatores.

Todo el directorio decidió que mi padre debía irse lo antes posible.

Esa noche, mis padres invitaron a casa a tres matrimonios que eran sus más íntimos amigos. Una vez allí, los pusieron al tanto de los problemas y comenzaron a trabajar. Las mujeres ayudaron a mamá en la frenética tarea de embalar cosas, ocultar adornos, descolgar cuadros de valor y reemplazarlos por otros menos valiosos...

Cada uno de los tres matrimonios fueron metiendo sus autos en el garaje de mi casa para ir cargándolos sin que nadie pudiera verlos. Se llevaron los baúles repletos de cosas nuestras para ocultarlas en sus propias casas y guardárnoslas. Partieron de a uno por vez, bastante entrada la noche, sin despertar las sospechas de los milicianos que vigilaban desde la vereda de enfrente.

A la mañana siguiente, Domingo de Pascua, llegamos nosotros de Varadero, acompañados por Ramón el chofer y Lucy. Una vez que llegamos a La Habana mis dos hermanos varones, que tenían sus reservas para regresar a U.S.A. esa tarde, hicieron sus valijas.

Partimos rumbo al aeropuerto simulando que los únicos que viajarían serían ellos. El aire podía cortarse con un cuchillo. Yo estaba ajena al peligro tan lejos como se puede estar a los nueve años. En la carretera que desembocaba en el aeropuerto, quedamos atrapados detrás de un camión de milicianos que miraban para atrás, hacia nosotros. En ese momento papá, que iba en el asiento de adelante al lado de Ramón, se sacó los anteojos, tan característicos en él, y se caló un sombrero. No quería que los milicianos lo reconocieran y comprendieran que se dirigía al aeropuerto. Todo Cuba estaba al tanto de lo que estaba sucediendo y él era una cara sumamente conocida.

Mi pregunta indiscreta resonó desde el asiento de atrás:

—Papi, ¿por qué te sacas los anteojos y te pones ese sombrero?

El codazo no se hizo esperar. Enmudecí el resto del camino. Años después comprendí el miedo que todos tenían.

Llegamos al aeropuerto. Mis hermanos tenían visas y papeles de estudiantes americanos. Chequearon su equipaje y les dieron las tarjetas de embarque.

Al rato, papá se acercó nuevamente al mostrador.

—¿Tiene un asiento más en el avión? —le dijo al empleado de Cubana de Aviación.

Hubo un momento de silencio mientras el muchacho lo miró fijo.

—¿Es para usted, señor Mestre?

Momento crucial que oímos relatar a mi padre un millón de veces. El empleado podía denunciar su partida. A papá se le aflojaron las piernas.

—Sí, —contestó mi padre sosteniéndole la mirada mientras sacaba de su bolsillo un pasaje de avión con fecha abierta.

—Para usted, hay —le dijo en voz baja—, no diga nada y deme su pasaporte. Vaya a la sala VIP y haga de cuenta todo el tiempo que viene solamente a despedir a sus hijos. Espere a que yo lo vaya a buscar. Lo haré después de embarcar a los pasajeros.

Había que confiar. No había ninguna otra alternativa. Cualquier cosa podía suceder.

Fueron minutos que parecieron horas hasta que llamaron al vuelo y partieron mis dos hermanos de trece y once años solos rumbo al avión. Nosotros permanecimos en la sala VIP.

El empleado no daba señales de vida. Debíamos esperar allí. Transcurrieron cinco, diez o quince interminables minutos hasta que el empleado de Cubana de Aviación apareció en la puerta llevando en la mano los papeles que debía entregar a la tripulación del avión. Le dijo a mi padre:

—Venga conmigo.

Contaba luego papá, que fueron aquellos los setenta metros más largos de su vida hasta que llegó a la escalera del avión.

Sin saberlo, se había ido de Cuba para siempre.

Mamá quedó con nosotras, sus dos hijas mujeres, encargada de misiones varias. Entre ellas, terminar de esconder valores y cosas de la casa como mejor pudiera, ir a las cajas de seguridad de los bancos, sacar todos los documentos y títulos de propiedad. Las joyas, el poco efectivo que en las cajas hubiera y tratar de cobrar dos cheques de sus propias cuentas.

Debía también pagar las facturas pendientes, colegios, almacenes, sueldos, cerrar la casa e irnos con calma.

—No te preocupes, Goar, no se van a meter con una mujer y para colmo argentina —fue de las últimas cosas que le dijo a mi padre, aquel domingo antes de que él se tomara el avión.

Ese lunes temprano, mi madre llamó a los gerentes de dos bancos donde tenía cuenta con la idea de que ellos mismos le abrieran la puerta cuando cerraban al mediodía, evitando así la presencia de los empleados que salían a almorzar. La intención de mi madre era cobrar contra su propia cuenta dos cheques importantes y vaciar las cajas de seguridad. Solo pudo hacer efectivo uno de ellos, el otro cheque no se lo quisieron pagar.

El gerente del Banco de Nova Scotia fue el que menos valor y menos lealtad demostró. Cuando mi madre lo llamó por teléfono anunciándole su visita reaccionó como un verdadero cobarde, diciéndole:

—¡No puede usted comprometerme así! ¡De ninguna manera! ¡Usted no puede hacerme esto! ¡¡Usted sabe lo que significa hoy en Cuba vaciar una caja de seguridad!

—Le advierto, señor, que voy a ir de todas maneras. Iré al mediodía cuando los empleados salen y usted estará allí para abrirme la puerta. Lo veo a las 12.30 —y colgó.

El gerente le abrió. Mi madre entró con un portafolio vacío en la mano. Presa del apuro y los nervios, no se molestó en meterse en el pequeño recinto contiguo a las cajas de seguridad, reservado para poner o sacar cosas con total privacidad. Allí no más, en la bóveda general, empezó a meter en el maletín, a toda carrera, papeles, títulos de propiedad y documentos.

De repente, entró un empleado y la miró. Se miraron a distancia. Lo que mamá hacía no podía tener más que una lectura. Vaciar una caja de seguridad, de esa manera, no tenía más que un significado posible: se estaba yendo del país.

Mamá pensó: puede que me denuncie, pero puede que no. Terminó y se fue.

Fue luego a la oficina de la CMQ a hablar con mi tío Abel, hermano de mi padre. Le contó lo que había hecho y éste se indignó con ella ya que el hecho de haber ido a los bancos los ponía en peligro a todos. Mamá se echó a llorar.

Ya de vuelta en casa, entre otras cosas, se dispuso a hacer los cheques para pagar las cuentas pendientes.

Aquel empleado del Banco de Nova Scotia, en efecto, la denunció. Las autoridades del gobierno congelaron todas las cuentas bancarias de mamá, pero con una trampa adicional: no comunicárselo. La maniobra tenía como finalidad que rebotaran cheques por no tener fondos. Podrían así acusarla de estafa y tener una excusa para meterla presa. Siempre oí decir que las cuentas de mamá fueron de las primeras en ser confiscadas en Cuba a una mujer, y más aún, a una extranjera.

Confiscaron además todas las cuentas de mi padre y de mi tío Abel.

Esa noche mamá siguió trabajando sin parar. Escondió, en un «closet» oculto tras una biblioteca, todo lo que consideró de valor. Tapió esa pared junto con el fiel mayordomo Alfonso.

Otras cosas ya habían sido llevadas de casa durante la noche del sábado por los tres matrimonios que mencioné antes. Uno de ellos, los Álvarez Rionda, al poco tiempo, también construyeron una pared falsa en su casa y enterraron objetos en el jardín. Nuestras cosas y las de los Álvarez creemos que permanecieron enterradas hasta que comenzaron las obras de demolición de la casa. La derribaron recién en 1982, dos años antes de nuestro viaje, para construir allí el Centro de Convenciones de La Habana. Es decir, que si no fueron descubiertas antes, estuvieron escondidas aproximadamente veintitrés años.

El banquero suizo, Fred de Schultness, amigo de mis padres, también se ofreció a esconder cosas, por lo que partieron a su casa algunas cajas y valijas con ropa blanca de valor. A la casa de mi tía Dora, otro tanto. Todo fue transportado entre aquel lunes y el martes en que, poco después del mediodía, mi madre recibió un llamado telefónico crucial.

Mi tío Abel tenía sus informantes que, afortunadamente, le avisaron de la denuncia del empleado del banco que había sorprendido a mi madre en el recinto de las cajas fuertes, y le anticiparon la inminente confiscación de las cuentas bancarias.

Algunos teléfonos en Cuba ya estaban intervenidos por lo que Tío Abel tuvo la precaución de hablar en clave con mamá:

—¿Alicia?

—Sí, Abel.

—Mira, te ha llamado Alicia Menocal para que vayas a jugar a las cartas a Santiago de las Vegas. Dice que lleves las barajas y a las niñas. Yo luego voy por allí.

El mensaje estaba claro. Santiago de las Vegas era un pueblo próximo al aeropuerto. Las barajas eran las valijas y había que irse a Estados Unidos.

Mamá llamó al embajador argentino y éste vino a casa. Mi madre le explicó cual era la situación. Julio Amoedo le dijo que no podía acompañarnos personalmente al aeropuerto porque esa tarde tenía un operativo secreto. Luego supimos que debía acudir a auxiliar a Conte Agüero, el periodista de CMQ a quien toda la policía estaba buscando. Debía recogerlo en un sitio acordado, ocultarlo en el auto y meterlo en la Embajada Argentina para darle asilo, todo ello sin que se dieran cuenta los policías apostados en la puerta de la residencia argentina. Todas las representaciones diplomáticas tenían guardias en la puerta para evitar justamente que la gente buscara asilo político en las embajadas.

Aseguró, sin embargo, que el cónsul Urtizberea nos escoltaría hasta el avión por si había algún problema. Mamá le pidió que en su próximo viaje al exterior le sacara el maletín con sus joyas, dinero y documentación importante. El embajador Amoedo aceptó hacerle el favor como también aceptó, a cambio, las llaves de nuestro Chrysler limousine.

Vinieron a casa mi tío Abel, mi tía Dora, Nora Valencia la secretaria de mi padre, y no sé cuánta gente más. Yo llegué del colegio a las cinco menos diez de la tarde.

Vuelvo del colegio. Estoy entrando y me doy cuenta que algo raro sucede. No hay nadie en la cocina. Cruzo el «shelter», nadie sale a mi encuentro y hay un silencio que no es normal. Caridad, mi tata, aparece súbitamente y me toma del brazo con apuro. No dice demasiado y me mete casi de un tirón en mi cuarto.
–Rápido que no hay tiempo.
Sale de mi «closet» como por arte de magia mi traje de falda y chaqueta de lanita a cuadritos azules y grises. Esto es ropa para el frío... Nos vamos de viaje. Entran y salen de mi cuarto Lucy, mamá, Ali..., surgen las maletas. Alguien agarra un peine y arremeten con mis trenzas. Estoy lista en un suspiro. Nos estamos yendo, estoy segura que nos estamos yendo de Cuba pero nadie explica nada. Pienso que es una suerte que le avisara a mi amiga Cristina que esto iba a pasar... Mañana cuando no esté sentada en la clase se va a dar cuenta que me he tenido que ir tal como me lo había anunciado Lucy.
Corremos. Alguien me toma de la mano y me lleva a la rastra. Cruzamos el jardín en dirección a la casa de Tío Luis Augusto. Seguro que nos vamos por la puerta del cerco hacia su jardín y por ahí a su garage para salir por la calle del costado. Allí no hay milicianos. Nos detenemos junto a la piscina. Estoy en uno de los extremos, y puedo verlos a todos. A Caridad, a Alfonso, a Tía Dora. Estoy llorando y veo que los grandes también. Nos estamos despidiendo. Abrazo y me abrazan fuerte y me sorprende ver cuánto lloran los demás. Lloran como yo que soy una niña. No tienen vergüenza de llorar. Dicen palabras de despedida. Corremos y nos metemos en el auto. Maneja Ramón como siempre.

—Si llegamos bien a Miami me emborracho —dice mamá.

¡Mi mamá emborrachándose! Eso sí que es raro. Esto debe de ser peligroso de verdad... ¿Nos meterán presas?
En voz baja mamá me advierte:

—Es posible que en el avión nos separen. Si te preguntan algo, debes decir que vamos a los Estados Unidos a ver a tu hermano que está enfermo.
Llegamos al aeropuerto y enseguida va a salir el avión. Nora la secretaria de mi papá está con nosotros y con un señor de la Embajada Argentina. Es por si no nos quieren dejar ir.
Subimos al avión y me toca al lado de un señor desconocido. Me pregunta dónde vamos y repito lo que me ha dicho mi madre que dijera. Tengo un poco de miedo. El avión sale y veo a mi mamá y mi hermana algunos asientos más atrás. Tampoco están juntas. El vuelo se pasa rápido. Llegamos a Miami.

Nos habíamos ido de Cuba.

Luego supe que a mi madre y a mi hermana Ali las revisaron. Las desnudaron para corroborar que no sacaban de Cuba nada ilegalmente. Cinco dólares era el máximo autorizado. Mamá susurraba que no estaría tranquila hasta llegar a Miami pues acababa de enterarse de un caso en que habían obligado a regresar el avión para apresar a alguien que intentaba irse.

Supe mucho tiempo después que Nora, la secretaria de mi padre, y el cónsul Urtizberea fueron a sentarse en la confitería del aeropuerto para corroborar que el vuelo partiera. Cuando el avión despegó, el cónsul le dijo:

—Ahora esperaremos aquí y calculamos el tiempo de vuelo hasta Miami. No sería el primer caso en que obligan a volver al avión.

El cónsul temía lo mismo que mi madre.

Mientras esperaron, Urtizberea le contó a Nora historias del Che Guevara, quien había sido su compañero de colegio. En Cuba no se sabía tanto de su vida personal. Por ejemplo, que provenía de una buena familia y que su madre era comunista.

Apenas llegamos, nos fuimos al hotel Saxony de Miami Beach. En mi mente infantil el hecho de estar en Miami debía resultar bastante divertido. La cara de mamá, y las escenas recién vividas, sin embargo, me recordaban que aquél no era un viaje ni común ni placentero.

Anochecía cuando llegamos al hotel. En la recepción mamá averiguó si papá estaba en su habitación. Al saber que no, pidió papel y le escribió el siguiente mensaje:

«Gordo, nos tuvimos que ir. Estoy en tu habitación»...

Al rato llegó papá, que entró como una tromba, con la cara demudada.

—¿¿Qué pasó?? —fue todo lo que dijo. Entonces nos hicieron ir al cuarto contiguo y se quedaron hablando ellos dos. Recuerdo haberme puesto a conversar con Eduardo, mi hermano de once años, sobre el libro que yo llevaba conmigo, *La vida de Pío XII*. Detalle intrascendente que viene a mi memoria en este instante, no sé por qué.

No recuerdo la secuencia exacta de todo lo que sucedió más tarde ese día. Lo que sí recuerdo es que fuimos luego a comer y que me encantó un gigantesco «milk shake» de chocolate.

Qué cosas extrañas tiene la memoria que uno guarda sin querer pantallazos como si fueran fotos perfectamente nítidas. Me parece estar viendo el vaso inmenso de ese primer «milk shake» y la gracia que les causó a todos. Era tan grande que más que un vaso, parecía un florero.

Yo escribía un diario, a los 9 años, es decir en 1960, y lo conservo arrumbado junto a otros recuerdos.

Lo transcribo aquí textualmente, dice así:

29 de Marzo una fecha triste porque tuvimos en unos minutos que empaquetar para salir de Cuba e irnos a Miami. Todo eso por culpa de un hombre comunista ladrón junto con su hermano y uno llamado Che Guevara. Estos hombres eran Fidel y Raúl Castro, 3 comunistas redonditos.

Nos habían intervenido la CMBF (El canal 4) y había todas las posibilidades de que nos confiscaran todos nuestros bienes. Una tarde con una clave tuvimos que salir corriendo para Miami. La clave fue: «Alicia, Alicia Menocal quiere que vayas a jugar canasta lleva a Ali y Ani, lleva las barajas».

Enseguida comprendió esto fue a las 5 entonces yo llegaba del colegio. Empaquetamos 3 maletas es decir 9 tres cada una. No dejamos nada nada nada y a las 8 menos cuarto estábamos en el Saxony en Miami comiendo sanos y salvos. Habíamos salvado el pellejo pero tengo que recordar siempre que en 1 hora habíamos empaquetado todo. Eran tres empaquetando y eran 9 maletas. A las 6 estabamos en un avión ya andando para ir a Miami. Fue una tarde ligeramente apurada.

Días después escribí lo siguiente:

Esto fue escrito días después del 30 de Marzo. (No dice fecha pero corresponde a abril del mismo año, 1960.)

Un día sin olvido fue el que teníamos que salir de Cuba. la situación era muy mala, era el momento que en cinco minutos tuvimos que salir. En ese momento no importaba nada pero ahora duele porque en verdad estaban al quitarnos todo todo todo, por culpa de un comunista traicionero. Nuestra linda casa que yo quiero tanto y que a lo mejor nunca la volveré a ver ni sé lo que va a durar. Lo probable es que se vuelva un país comunista y seguramente habrá una guerra mundial.

MÁS DE MI CASA
Octubre de 1984

La visita a nuestra casa, Embajada de Portugal, aquel octubre de 1984, duró seguramente más de lo que los embajadores hubieran deseado y menos de lo que nosotros hubiéramos querido. Fue sin embargo un inmenso privilegio que nos dio la vida. Un regalo. La emoción más grande y conmovedora que he vivido hasta hoy que tengo 46 años. Un reencuentro con mi infancia, mi pasado, mi país, mis raíces. Mi universo infantil.

Las casas tienen algo que no tienen los departamentos. La vida de los niños transcurre toda en ella porque no hay necesidad de ir a una plaza, a un club, o a la calle. Todos los refugios de los juegos de la infancia están allí. Los árboles se convierten en trincheras, en castillos, en chozas o en barcos de piratas. Mis hermanos varones algunas veces me dejaban ser la enfermera de la Cruz Roja que socorría a los valientes soldados que solían tirar granadas o arrastrarse subrepticiamente con los codos para sorprender al enemigo que indefectiblemente se hallaba metido en un cantero o peligrosamente colgado de una rama.

Otras veces cambiábamos disfraces y aparecían los vaqueros del «Far West». De vez en cuando le permitían a esta Ani ser «Annie Oakley» y unirse al juego con revólver, cartuchera y todo. Bendito personaje del cine de aquel tiempo que me abrió la puerta hacia el juego de los varones.

Aquella casa constituía un completísimo mundo. Había una pista para andar en bicicleta o patinar. En un costado, un desnivel del jardín servía de escenario para representaciones espontáneas o de las otras, nada espontáneas y muy ensayadas.

La pista no era otra cosa que una rotonda, y en el medio había una «lona de saltar». Una colchoneta con resortes como las que usan los acróbatas para dar vueltas en el aire. Subíamos de hasta tres y saltábamos largo rato intentando toda clase de piruetas y maromas. Mi hermano Robi lograba la vuelta carnero en el aire para adelante y para atrás. Papá también solía saltar con nosotros, pero ahora que pienso, a mamá no recuerdo haberla visto jamás arriba de la lona.

La piscina, en el otro extremo del jardín, la usábamos casi todos los días del año, al regresar del colegio, a la tardecita. Papá nadaba por las noches cuando a las ocho u ocho y media de la noche llegaba de su trabajo. Pero el día más divertido de la piscina era los sábados.

Amanecíamos temprano e íbamos a andar a caballo a una finca que teníamos cerca. Alrededor de las once y media regresábamos y nos íbamos corriendo a la piscina donde nos reuníamos con todos los primos. Las dos casas de mis tíos, ambas en la misma manzana que la nuestra, con sendas puertas de comunicación en el cerco del jardín, no tenían piscina. Venían, pues, todos a la nuestra. ¡Cómo nos reíamos!

Será una emoción hacer este segundo viaje a Cuba en compañía de Mechy, mi prima más querida, hija de Abel, cuya casa lindaba con el lado izquierdo de la nuestra, hoy Embajada de Bulgaria.

Pienso en Mechy en aquel preciso lugar junto a la puerta en el cerco del jardín con un extraordinario disfraz de bruja. Un maquillador profesional le había hecho la nariz y las arrugas de la cara... Su traje todo negro y su sombrero puntiagudo completaban la aterradora visión. Debe de haber ganado todos los premios en la fiesta de Halloween a donde se dirigía luego.

Nuestra visita a Sabicú, que así se llamaba mi casa, llegó a su fin y cruzamos todos juntos, nuevamente, a la Embajada Argentina.

Esa noche nos fuimos por nuestra cuenta a comer al antiguo Club La Torre, situado en uno de los últimos pisos del edificio F.O.C.S.A., el más alto de La Habana, que había sido construido por papá y sus hermanos. Treinta y dos pisos en forma de libro abierto, con una vista absolutamente sensacional.

Algunos piden «congrí». Yo, una langosta, soñando con esas langostas que Silvano nuestro marinero solía agarrar en el mar de Varadero. Mi langosta resultó de plástico y el «congrí», un mazacote.

El servicio, deficiente. Cuando volvimos a la residencia, el Bebe, el embajador, repitió varias veces riendo:

—Yo se los advertí. El mejor lugar para comer en Cuba, es esta casa.

Tenía razón.

Cada vez que entramos a la residencia argentina la sensación es la de entrar en una apacible burbuja donde nos sentimos resguardados de todo. Las conversaciones giraban siempre alrededor de la política de Castro y nos dimos cuenta, a lo largo de nuestra estadía, que Bebe y Susana tenían una versión y una visión de la Cuba de antes de la Revolución muy distinta de la nuestra. Intercambiamos datos y opiniones y creemos que les hicimos ver un panorama diferente.

Una noche los Clarasó nos llevaron a comer a «La Maison». Una casa donde, además de funcionar un restaurante, se hacían desfiles de modelos. Para ingresar a ella hacían falta una de dos condiciones:

O ser jerarca del partido o miembro del cuerpo diplomático.

En La Maison había tiendas. ¡Y vaya bloqueo comercial cuando vimos allí productos Gerber, Johnson & Johnson y tantas otras cosas símbolos del «imperialismo»!

Un argentino comía en La Maison esa noche, rodeado de las altas esferas del gobierno de Castro: Federico Storani. No era éste su primer viaje a Cuba. Él y otros radicales argentinos del gobierno de Alfonsín simpatizaban mucho con el régimen.

La Maison, la no llamada Embajada de EE.UU. sino la «Oficina de Intereses de Estados Unidos» y otras tantas cosas que vemos en Cuba, nos abren los ojos, nuestros tal vez ingenuos ojos, que creían que el mundo se regía por ideales, o al menos por ideologías. No es cierto. Comprobamos que todo, todo en este mundo, se mueve por intereses.

MISS POWERS

Durante nuestra estadía en La Habana, Susana Clarasó localizó a Miss Powers, quien, una mañana, vino a visitarnos a la residencia argentina. Volver a ver a Miss Powers, después de 24 años, parecía increíble. En mi memoria conservaba su imagen con bastante nitidez, aunque era más lo que había oído hablar sobre ella todos estos años que lo que efectivamente había experimentado la severidad de aquella inglesa.

Hacia 1952 trataba Europa toda de ponerse de pie después de la guerra, cuando mis padres contrataron a Penny Powers, que decidió probar suerte en tierras más cálidas que Inglaterra. Años atrás había vivido en la India y la idea de volver a un país tropical, la entusiasmó. Se embarcó hacia Cuba y entró en mi casa un poco como profesora de inglés y otro poco para imponer algo de la austera y rigurosa disciplina británica.

Yo sólo tenía dos o tres años, pero recordaba su figura imponente. Grande, con un poco de panza, faldas largas a mitad de pierna y un minúsculo rodetito en el centro de su cabeza. No fue mucho el tiempo que duró en mi casa. Fue mi padre el que no soportó el rigor británico ni el carácter dominante de aquella inglesa que intentó ponerlo también a él bajo su mando.

Cuando papá llegaba a casa, silbaba una «llamada» distinta para cada uno de nosotros o una llamada general para todos. Su silbido se escuchaba por todos lados y salíamos corriendo a saludarlo. Yo, por ser la menor, tenía luego el privilegio de sus rodillas. Pues bien, Miss Powers amagaba negarse a que interrumpiéramos nuestras actividades en el momento que sonaba el silbido. Para nosotros el silbido de llamada no sólo era una orden sino una fiesta.

Si la llegada de papá se producía minutos antes de la hora estipulada para ir a dormir, Miss Powers pretendía interrumpir nuestro encuentro con papá y llevarnos a la cama. No sabía que su patrón no aguantaría su disciplina férrea.

Miss Powers duró poco. Ali se salvó de tener que comer manzanas con cáscara y yo salvé el pellejo aunque, cuando le tocó irse, yo no estaba todavía totalmente bajo su mando. Aún contaba con la protección de mi «tata», mi niñera, pero Miss Powers me enseñó eficazmente a no morder a mis hermanos dándome ella misma un tremendo tarascón que me demostró en carne propia cuánto dolía. Seguramente jamás volví a atreverme a hacerlo.

Partió en los mejores términos y se dedicó a enseñar inglés a mis primos y a otras tantas familias. La relación duró para siempre y venía a casa, cada tanto, de visita.

Lo cierto es que durante los años que siguieron a la Revolución de Castro, Penny demostró no sólo que era una excelente persona sino una mujer de agallas, sumamente heroica.

Durante el principio del régimen de Castro se pasó una ley con el propósito de impedir el éxodo de más familias. Los niños después de cumplidos los seis años no podían salir del país con sus padres ni los padres con sus hijos. Pero la ley, al principio, no establecía que separadamente no se pudiera. Al menos, durante aproximadamente un par de años. Luego las cosas cambiaron y después de cierta edad, a los niños no se los dejó salir solos ni acompañados. Ello retuvo a miles de familias que quisieron emigrar después de haber experimentado por un tiempo los rigores del comunismo.

Penny Powers, pues, durante esos años, organizó clandestinamente el siguiente operativo: junto con el director del colegio americano, el Ruston, contactó al director de Panamerican en Cuba, solicitándole ayuda para sacar niños. Éste respondió a su pedido asegurándole no menos de diez o quince asientos libres en cada vuelo entre Cuba y los Estados Unidos para llevar a estos niños cuyos padres querían de cualquier manera sacarlos de Cuba para luego poder encontrar la forma de irse ellos mismos.

Pero ¿qué hacer con esos niños una vez llegados a los EE.UU.? A Miss Powers se le ocurrió pedirle ayuda al obispo de Miami y éste se comprometió a encontrarle a estos chicos hogares de adopción transitorios, hasta que los padres de los niños lograran escapar. Y así, el Director del Ruston, la compañía Panamerican y Penny Powers, sacaron de Cuba a cientos de niños, muchos de los cuales no se juntaron con sus padres hasta doce o quince años más tarde.

El operativo, en los años '70, fue nota de la revista *Time* como operación «Peter Pan», donde para proteger a Miss Powers, se guardó en secreto su identidad. La Corona Inglesa le otorgó la Cruz de la reina Victoria por su valor, también, con la mayor discreción para protegerla, ya que Penny Powers había decidido quedarse a vivir en Cuba.

Cuando los vuelos de Panamerican se interrumpieron definitivamente, la misión finalizó, pero el destino quiso que Miss Powers tuviera un papel preponderante en la actividad educativa del país.

Al producirse el éxodo masivo y el cierre de los colegios privados y religiosos, los hijos de los diplomáticos se quedaron sin un colegio donde estudiar.

El gobierno de Castro, para resolver el problema, puso sus ojos en Miss Powers. Era, según ellos, la persona indicada, o tal vez la única disponible para organizar y fundar «el colegio diplomático». Se contactaron con ella, luego de lo cual sostuvo un par de entrevistas con el mismo Fidel Castro. La inglesa aceptó el desafío y se dio el lujo de imponer varias condiciones que le fueron aceptadas. Pusieron a su disposición todo lo necesario y empezaron por buscarle las instalaciones adecuadas. Recorrieron diversas propiedades recientemente confiscadas por el Gobierno, para que entre ellas, pudiera elegir la que se adaptara mejor a un colegio. La experiencia, según contaba ella misma, le resultó fascinante.

Fundó y dirigió el colegio para diplomáticos durante muchos años hasta que se jubiló y se quedó para siempre en Cuba.

Llegó Penny Powers a la Embajada Argentina para encontrarse con quienes le dieron su primer trabajo en estas tierras caribeñas, hacía ya treinta y tantos años.

Cuando entró por la puerta yo no podía creer lo que veía. Aquí sí que la escala estaba cambiada. Medía no más de 1,58 o 1,60 m; era regordeta, pero menuda. Aquella figura imponente que tenía grabada en la retina de mis dos o tres años de edad cobraba su tamaño real. Era diminuta.

Me resultó encantadora, cálida, fascinante. Mamá, Ali y yo conversamos con ella durante un buen rato y su personalidad nos cautivó. Encanto que seguramente le permitió alcanzar todos los tan meritorios logros de su vida. Durante ese encuentro nos contó todas sus andanzas, dignas de la mejor de las novelas.

La invitamos a Punta del Este, Uruguay, a nuestra casa de veraneo, punto de reunión de todos los hermanos con sus familias. Ali y yo pensamos que sería maravilloso que esta mujer le contara a nuestros hijos sus experiencias, sus aventuras.

Su respuesta a nuestra invitación fue la respuesta más inglesa que podría habernos dado:

—No puedo irme de Cuba mientras vivan mis perros.

Miss Powers nos había conquistado. La quisimos instantáneamente.

El vínculo había quedado reestablecido y Penny Powers siguió en contacto con mis padres.

Un día, hace no más de siete u ocho años, mi padre recibió un llamado de teléfono desde Cuba.

—Le habla la mujer que vive con Penny Powers. Lo llamo para pedirle ayuda, pero ella no sabe que lo estoy haciendo. Penny está muy mal. Se quebró la cadera, la operaron, pero no se ha vuelto a levantar de la cama y está llena de escaras que no podemos curarle. No hay alcohol en Cuba y no tenemos el dinero para conseguirlo en el mercado negro.

Los detalles de la situación de Miss Powers eran terribles.

A través de la Embajada Argentina, y una vez más, gracias a la ayuda de Clarasó de la Vega, enviaron a alguien a constatar las noticias de nuestra vieja institutriz. Era todo cierto. Postrada en una cama, carecía de las cosas más elementales.

La familia que la cuidaba se hallaba en su casa en un tipo de situación de lo más común en Cuba. La escasez de vivienda obligaba a los habitantes de las casas (no propietarios porque el único propietario de todo en un régimen comunista es el Estado) donde sobraba el espacio, a permitir la entrada de otra familia. Esa situación fue una bendición para muchos viejos en Cuba. Podían, en cierta medida, anticiparse a una imposición de esa índole y más o menos elegían a la familia con la que pensaban que les resultaría agradable juntarse. La familia que se agregaba a la casa, generalmente los cuidaba y los trataba de lo más bien, no sólo por la conveniencia de «heredar» la vivienda sino porque la gente en situación de extrema necesidad ha demostrado, sobre todo en Cuba, un enorme espíritu de solidaridad.

Ese era el caso, no sólo de Miss Powers sino también el de mis tíos segundos Juan José Mestre y Aída Cordobés que vivían aún en La Habana. Según nos contaron ellos mismos cuando los fuimos a visitar, la familia con la que compartían su casa los cuidaba de maravilla, con amor y consideración.

Mi tía Aída Cordobés estaba ciega, y mi tío Juan José Mestre, arterioesclerótico.

Cuando papá recibió, pues, el llamado solicitando ayuda de esta señora que vivía con Miss Powers, no se hizo esperar y comenzó a hacerle llegar, a través de la Embajada Argentina, unos 300 dólares cada dos meses. Después de muertos mis padres, continuamos ayudando a Miss Powers, mandándole el dinero con la Embajada Británica.

Miss Powers murió hace un año. Me hubiera encantado que mis hijos la conocieran pero no pudo ser.

AÍDA Y JUAN JOSÉ

Aída Cordobés, madrina de bautismo de mi hermano Eduardo, y mi tío Juan José Mestre, a quienes, como decía, también visitamos en La Habana al segundo día de llegar, nos dieron el primer sacudón para hacernos caer en la realidad de la Cuba de aquel momento. Antes de verlos, fuimos a la «diplotienda» con una persona de la Embajada Argentina, para comprarles toda clase de insumos que en Cuba le estaban vedados a la población común. Si el régimen comunista aspira acaso a una igualdad, ningún régimen dista más de ello en la realidad. Para acceder a cosas de lo más elementales había que tener en Cuba, en 1984, un pasaporte diplomático y dólares o ser miembro del gobierno.

Cuando les llevamos esta compra, los dos viejitos deliraron de felicidad. La familia agregada, lógicamente, también.

La casa parece congelada en el tiempo. Nada, nos decía mamá, ha cambiado. Ni una cortina, ni una foto, ni un tapizado, ni un mueble. Todo está exactamente en el mismo lugar hace veinticuatro años.

Cuando se produjo el éxodo general de los cubanos, mis tíos segundos Juan José Mestre y su mujer, habían decidido quedarse en Cuba pues Rositica, la madre de él, todavía vivía a pesar de sus ochenta y tantos años. Recuerdo a Rositica perfectamente: chiquitita, siempre de negro, con el pelo más blanco y abundante que he visto jamás, peinado en un rodete.

Rositica vivió aproximadamente diez años más después de instaurado el régimen comunista.

Cuando finalmente murió, y en consecuencia estuvieron libres de salir, ya Aída y Juan José eran demasiado viejos ellos mismos para afrontar un exilio. Además, no tenían ningún dinero fuera de Cuba, y aunque él era médico, le hubiera resultado imposible, a su edad, sacar una reválida de su título para poder ejercer la medicina en los Estados Unidos y ganarse su sustento.

Nunca quisieron salir de Cuba «para vivir de la caridad de los demás» ni «ser un peso para su único hijo instalado en Venezuela», decían. Éste había participado en la invasión de Bahía de Cochinos y fue puesto en prisión. Un año después, gracias al convenio entre los Estados Unidos y Castro, obtuvo la libertad junto con el resto de los participantes de la frustrada invasión.

Mi tío Juan José era un fumador empedernido. Prendía cada cigarrillo con la colilla del anterior y en medio de sus arteriosclerosis se percató de que fumábamos cigarrillos importados. Nos pidió que lo convidáramos. Juntamos entre todos varios cartones de cigarrillos americanos.

Murió dos semanas después de nuestra visita. Hasta hoy nos preguntamos si no contribuimos a ello y si la causa de su muerte, sumada a su vejez, no fue un ataque de tabaquismo...

Aída Cordobés, su mujer, murió pocos años más tarde.

MÁS PREPARATIVOS PARA EL PRÓXIMO VIAJE A CUBA
Febrero de 1997

Hoy (1997) el turismo en Cuba se ha incrementado mucho si lo comparamos con aquel de 1984. No sabemos en realidad cuánto han mejorado los servicios de los restaurantes. Sólo sabemos lo que nos cuenta la oficina de turismo en nuestras extensas reuniones.

No ha sido tarea fácil confeccionar el itinerario para los quince (y por momentos hasta diecinueve personas) que formaremos parte de esta expedición que se compone de la siguiente manera:

La rama de mi tío Abel Mestre, hermano de mi padre Goar, y su mujer, mi tía Aída: Mechy Mestre (49 años), su marido Pedro Bonachea (59) y sus dos hijas, Silvia (18) y Luisa (15), ambas nacidas en Nueva York, su actual lugar de residencia. Pedro es oriundo de Cienfuegos, de un pueblo llamado Palmira adonde volverá, el primer día de su viaje a Cuba, después de treinta y tantos años de ausencia, el jueves 20 de marzo. Un día antes de que nos encontremos todos. Viene con ellos Adelaida Mestre, única hija de uno de los dos hermanos de Mechy, Luis Enrique, que murió hace unos años en Nueva York.

Josefina Sosa de Mestre (52), que reside en Caracas, Venezuela, casada con el otro hermano de Mechy, Alberto, que, al igual que mis hermanos Roberto y Eduardo, no han querido sumarse al contingente.

Se unen en una parte del viaje Micho Fernández de Spring (48), hija de mi madrina Silvia, quien murió hace muchos años en Nueva York. Vive actualmente en Boston. Vienen con ella su marido Bill y sus hijos William y Silvia, a quienes no conozco.

Mi hermana mayor Ali Mestre (53), su marido Poli Bidondo (58) y sus hijas Mercedes (23) y Carolina (21) y mi familia: mi marido

Roberto Sambrizzi (55), mis hijos Robertito (22), Mariana (20) y Martín (15)

Vamos a juntarnos en La Habana, provenientes de cuatro ciudades diferentes, para locura y complicación de quien está a cargo de las reservas, Ayssa, la gerente general de «Havanatur» en Buenos Aires, personaje absolutamente encantador con la que estamos confeccionando un itinerario, día por día, de nuestra próxima estadía en Cuba.

Hacer el recorrido de nuestro viaje, en los papeles, nos ha puesto ya en un espíritu por demás especial. Ali y yo nos repetimos que ya nos sentimos caminando por El Malecón aunque falten aún catorce días. Se nos aceleran los latidos y de a ratos también se nos llenan de lágrimas los ojos.

Este viaje es un «revival» de dos momentos de nuestra vida. El pasado más lejano, nuestra infancia y nuestro primer regreso hace ya casi 13 años con mamá.

El día antes de nuestra última visita a la agencia de Ayssa fuimos a recoger nuestras visas a la Embajada de Cuba, en Buenos Aires. Nos reunimos con el Cónsul durante un rato. Nos prestó un libro editado en Cuba que contiene una entrevista a mi padre. El título del libro, que después leí y donde sorprendentemente, a pesar de marcar las diferencias ideológicas, no hace un ataque frontal a sus entrevistados es *Los que se fueron*.

Hablamos de cine. El cónsul, muy simpático, nos contó la enorme cultura de cine que hay en Cuba.

—¿Y cómo es eso, si a Cuba no entra cine americano? —le pregunté.

—Está equivocada. Le voy a contar por qué en Cuba se ve muchísimo cine americano. Mire, usted sabe que nosotros tenemos ese problemita con eso del embargo de los Estados Unidos... ¿Han visto ustedes esas antenas parabólicas bien grandes? Pues nosotros tenemos un par de esas, robamos del aire las películas americanas y después las pasamos por... por el canal 6, bueno (risita) por la CMQ... y como ya le dije, como existe ese problema del embargo no pagamos derechos ni nada... Vaya, como decimos nosotros, las fusilamos... ¡¡Ustedes no se imaginan la cultura cinematográfica que hay en Cuba!!

Aquello pintaba al cubano comunista de cuerpo entero. ¡¡Qué descarado, y encima vanagloriarse!! Los jerarcas del Estado comunista robaban el cine al capitalismo, con total caradurismo. Pero ¡¡cómo sorprenderse si robar y confiscar es lo mismo, y en eso sí que han sido especialistas!!

Nos dieron las visas (previo pago de cuarenta dólares por persona en billetes bien verdes). Las empleadas de la embajada se despidieron como si fuéramos amigas de mucho tiempo a pesar de que nuestros encuentros habían sido breves y sólo tres en total.

Amables, sonrientes, simpáticas. Divinas todas. Con el aspecto inconfundible que tienen nuestras compatriotas. Trasero de puro arroz con frijoles y de ninguna otra cosa, comprimido dentro de telas de colores brillantes.

Ya con nuestras visas en mano nos dirigimos, como decía anteriormente, a la agencia Havanatur para ultimar detalles con Ayssa. Le preguntamos qué eran hoy nuestro colegio del Sagrado Corazón, el Yacht Club, el Club Biltmore y tantas otras cosas. Queremos ver todo y todo lo veremos en este viaje. Terminando con los detalles de La Habana, empezamos a planear el recorrido hacia Varadero. Ayssa dijo:

—Pueden parar en Matanzas a ver las cuevas de Bellamar.

Y ahí no más fue como un disparo al pasado. Un nuevo flash hacia la infancia.

Nos encantaba ir a las cuevas, llenas de estalactitas y estalagmitas. Un guía solía señalar el camino por las cuevas con una linterna. Una de las tantas veces que fuimos a Bellamar ocurrió un intranscendente incidente que a papá le causó gracia toda la vida y fue tema recurrente de chistes y chanzas a mi hermano Eduardo. Estando de visita en las grutas, nos quedamos por un momento rezagados del grupo. En medio de aquel silencio mi hermano Eduardo (ocho años a lo sumo) exclamó:

—Rápido que se nos pierde el dirigible.

Se refería al guía que en efecto era el que nos «dirigía».

Ayssa mencionó las cuevas y fue como verlas. Me asaltaron unos deseos inmensos de volver.

Todavía no puedo creer que mis hermanos no quieran emprender este viaje a Cuba con nosotros. Sé que cuando volví hace casi trece años los extrañé. Aquella historia no era sólo mía, era de los cuatro hermanos. Me hicieron falta cuando recorrí nuestra casa y su jardín, como sé que me faltarán cuando vuelva ahora. Incluso en las cuevas de Bellamar...

De allí iremos a Varadero. Mientras anotaba el recorrido, le dije a Ayssa:

—Pasaremos antes por Yumurí, ¿verdad?

—Sí, claro, por el puente de Bacunayagua, el más alto de Cuba y que justamente atraviesa el valle.

EL VALLE DE YUMURÍ

Recordaba Yumurí de cuando hacíamos el trayecto entre La Habana y Varadero cada verano, una vez de ida y otra de vuelta en aquel Chrysler modelo 55, para siete pasajeros, con asientos rebatibles como las limousines de Nueva York. Era el auto que nos llevaba, y que como prueba del gran avance tecnológico de aquella época, tenía un tocadiscos para 16 revoluciones. Nos ponían grabaciones con cuentos infantiles en inglés. El viaje nos parecía eterno : ¡duraba sólo una hora y cuarenta y cinco minutos! El tapizado de lanilla tenía un olor que detestábamos, jamás sabremos por qué, pero nos mareaba. Lo cierto es que la ida a nuestra casa de la playa era toda una expedición. Nos instalábamos en el mar los tres meses de verano.

Hace casi trece años, en nuestro primer regreso a Cuba, fuimos en el auto de la Embajada Argentina, manejado por Lucio, el chofer, hacia Varadero. Paramos en Yumurí y el paisaje nos dejó casi en éxtasis. Miles de palmas reales, algún que otro bohío y una vegetación tan espesa y opulenta como únicamente se encuentra en el trópico. Una espesura que asombra, que subyuga, que hipnotiza y fascina. Yumurí es el campo de Cuba. Su mejor ejemplo.

Bastante tiempo después se me ocurrió escribirle una rumba a Yumurí. ¡Cómo me gustaría que alguien le pusiera música!

Rumbita pa Yumurí

¿Qué hay tan cubano, mi hermano,
como la rumba o el son,
como el tabaco o el ron
o el ritmo de las maracas
con güiro, flauta y bongó?

¿Qué hay más cubano, mi hermano,
que el meneo acompasado
de la cintura p'abajo
y el natural desparpajo
para empujar las caderas
con golpe seco al costado,
rotundo y desfachatado,
cada tres pasos de conga...?
Cubano como el helado
de mantecado o mamey,
como una canción: Siboney,
o la voz de Celia Cruz,
La Sonora Matancera,
Fajardo y sus estrellas
o el negrito del Batey...
¿Qué hay más cubano, mi hermano,
que tener a flor de labios
el chiste o el comentario
que provoca carcajadas,
la vocación pá el relajo
o el espíritu burlón...?
Cubano como el pecado
que no merece perdón,
no ser simpático, ser un pesado,
es peor que ser ladrón...
¿Qué hay más cubano, mi hermano,
que el Morro, el Malecón, la Cabaña,
la Virgencita del Cobre,
la palma real o la caña?
Pero... ¿qué hay tan cubano, mi hermano,
que de un vistazo resuma
en un paisaje de Cuba,
desde el congrí a Martí...?
Lo más cubano, mi hermano,
es el valle de Yumurí.

VARADERO
Octubre de 1984

Seguimos luego hacia Varadero y vimos desde la ruta, con la laguna de por medio, la zona del barrio de Kawama.

Kawama, donde estaba nuestra casa, era una estrecha franja de tierra: por un lado daba directamente al mar y, por el otro, a una laguna que se conectaba con el mar por un canal. Entre la laguna y el mar sólo había una calle paralela a los terrenos de nuestras casas, que estaban directamente sobre el mar. No había otra forma de acceder a las playas como no fuera pasando a través de las casas, por lo que las playas, aunque públicas, eran en la práctica, privadas. En la laguna se guardaban las lanchas y los barcos y se llevaban a mar abierto por el canal que quedaba a un par de kilómetros.

Para ir de una casa a la otra pasábamos de jardín a jardín, si no queríamos ir por la playa. Lo cierto es que era raro subirse a un auto o ponerse zapatos.

Creímos reconocer las casas desde lejos. Nos acercamos. Exactamente donde estaba nuestra casa nos topamos con una barrera y al lado se hallaba haciendo guardia un miliciano.

La puerta de la casa estaba entreabierta. Arrebatada por el impulso de entrar y recorrerla casi me tiro del auto. Mamá nos dijo:

—Un momento. Pidámosle permiso al miliciano que está allí. Lucio, pregúntele si podemos visitar la casa —dijo mi madre—. Dígale que tenemos interés en alquilarla o algo así...

El miliciano se alzó de hombros y dijo:

—Sí, ¿por qué no? Vayan...

Ali y yo corremos hasta la puerta. Mamá se queda más atrás.

Puedo verla, demorando el momento, mirando la casa de Mariana López, la nuestra y la de Tío Abel, una al lado de la otra. Quién sabe todas las imágenes que corren por su memoria en estos instantes. Afloja. Llora en silencio paseando la vista por las tres fachadas.

Entramos a casa por lo que en realidad es el subsuelo, donde estaba el «playroom». Entro primero y empezamos mi hermana y yo a subir la escalera de piso verde y baranda de madera que conduce al primer nivel donde debería estar el living, la terraza sobre el mar y los escalones que llevan a la playa.

Apenas subidos dos o tres peldaños siento una ráfaga invisible casi fantasmal, que me obliga a detenerme... Me doy vuelta y digo a mi hermana:

—Ali ¿qué sientes?

—El olor —me contesta.

—¡Yo también!

Nada estimula y despierta la memoria como un olor. Este olor que me corta el paso es el olor inconfundible de los veranos en aquella casa de Varadero. Mezcla de humedad, sal, mar y algas. Nunca habíamos vuelto a sentirlo. Tomamos nuevamente conciencia de que nos hallamos en nuestra casa de Varadero y esto es casi como una revancha. Hemos vencido los contratiempos del destino y aquí estamos, rememorando a toda velocidad nuestros veranos de la infancia, que fueron lo más parecido al paraíso. No puedo imaginar una vida junto al mar más perfecta que aquella.

Estamos llegando al pasillo que da a la cocina y la vemos abierta, pero el resto de la casa está cerrada en departamentos por sectores, y hay un número en cada una de las puertas. No podemos ver el comedor, la sala, nuestros dormitorios. La terraza sí está aquí, la playa también y nosotros, veintitantos años después, somos las mismas. Bajamos los escalones y eufóricas vamos a la playa. Nos metemos en el mar y nuestra piel lo saborea. Nos estamos bañando en nuestra playa y lo estamos gozando enormemente. Es casi nuestro desquite. Fidel Castro no puede arrebatarnos este inmenso placer que

estamos viviendo. Pensamos incesantemente en papá que no ha venido. Mamá repite cada tanto:
—Si tu padre estuviera aquí...

Durante mi último veraneo pasado allí, en 1959, mi hermano Eduardo y yo, a pesar de estar de vacaciones, debíamos continuar con nuestro entrenamiento para las carreras de natación de La Habana. Por lo tanto, cada mañana, teníamos que ir a nadar al Club Náutico de Varadero. Nuestro profesor a veces nos daba las clases en el mar y a veces en la piscina del club. Todas las mañanas pues, nos tomábamos a los apurones un jugo de naranja y bajábamos a la playa donde a las 7.30 nos esperaba Silvano el marinero, con la lancha lista. En honor a los vientos de los pagos de mi madre, hoy mis pagos y los de mis hijos, llevaba por nombre «El Pampero».

Silvano nos tiraba un par de sogas, dos slaloms (el mío, regalo de mis 9 años, más chico que lo normal, pero con la misma forma puntiaguda en los dos extremos y una quilla bastante grande) y salíamos esquiando hasta el club. Luego de la clase volvíamos, también disfrutando la mejor hora en el mar: el principio de la mañana. El resto del día esquiábamos sin parar, rara vez de a uno, y nos íbamos encontrando con todos los amigos a lo largo de la playa.

Casi todos éramos buenos esquiadores y mientras más salíamos al mismo tiempo, más divertido nos resultaba.

Un amigo de papá, Ramiro creo que se llamaba, era el dueño de la lancha más potente, toda negra ella y se llamaba «El Rayo». Lograba tirar entre diez y doce esquiadores a la vez.

Nuestro barco, el «Goló Goló», nos sacaba en dobles a los seis a la vez. Prueba de ello es una foto sacada en el verano de 1957. Fue el verano que aprendí a esquiar, antes de cumplir los siete. Me enseñaron con santa paciencia mi padre, mi hermana Ali y un amigo de todos nosotros y vecino lindero de nuestra casa: Vali López.

Vali era casi como un hermano más y un gran esquiador. Ali y él se pasaban tardes enteras ensayando proezas, esquiar para atrás, dar la vuelta, saltar la ola así o asá, o cruzarse por abajo de las sogas. Más de una vez me llevó esquiando en sus hombros haciéndome sentir una verdadera acróbata del agua. Creo que el más allá de los «teenagers» de aquel entonces era ser tan expertos esquiadores como los que podían verse en las calcomanías de Cypress Gardens, que ostentaban los esquís.

Solíamos pescar, y mucho. Partíamos generalmente con nuestro querido marinero Silvano, de ojos claros y piel curtida por el sol.

Sólo una vez lo vi con zapatos y pantalones, pues Silvano, como nosotros, se pasaba la vida en traje de baño. Creo que nunca lo vi sin su gorra de capitán de barco azul marina con un ancla bordada amarilla y la visera acharolada.

Sabía mucho sobre esquiar pero nunca lo había hecho hasta que mis hermanos un día intercambiaron con él los roles y le manejaron la lancha. Silvano consiguió salir esquiando la primera vez que lo intentó.

Partíamos con él a pescar a fondo «roncos», parecidos a las corvinas del Uruguay, y jugábamos competencias a ver quién sacaba más. Ganaba generalmente Eduardo, el más silencioso y paciente de nosotros cuatro. Rara vez traíamos menos de 5 o 6 pescados cada uno. Muchas veces los limpiábamos nosotros mismos en el borde de la laguna; raspábamos las escamas, sacábamos las agallas y las vísceras siguiendo siempre las instrucciones de Silvano.

La pesca del pargo era otra cosa. Se pescaba por la noche a la encandilada de la luna llena en el mes de julio. Solamente logré que me llevaran una vez y todavía lo lamento. A esas horas, como era lógico, me mandaban a dormir. Salían todos los barcos tarde, bien entrada la noche, y el punto de encuentro era más o menos el mismo. Desde la costa apenas se distinguían las luces. Los chistes de barco a barco, la competencia por el pique, la euforia de la pesca incesante y la alegría que reinaba eran parte fundamental del programa.

Cierro los ojos y puedo oír las «catanas». Esos viejos barquitos de pescadores humildes con motores que tosían a un ritmo parejo y que retumbaban en la noche. Se escuchaban acercarse desde mar abierto cuando, a cierta distancia de la costa, pasaban delante de nuestra casa buscando el abrigo del puerto.

Papá solía hacer pesca submarina con tanques de oxígeno y arpones. Llevaba con frecuencia a mis hermanos varones. Yo recuerdo haber ido algunas pocas veces, pero del paisaje submarino que vi con mi máscara y mi «snorkel» la primera vez, no me olvidaré jamás. La primera impresión fue de sorpresa. Yo no esperaba un universo submarino tan colmado de formas, movimiento y colores tan intensos. Las formaciones de corales eran infinitas y las plantas submarinas con forma de abanico se agitaban suavemente como al compás de una música imperceptible a mis oídos. Los peces entraban y salían de entre ese laberinto de algas, piedras y corales con toda placidez. Y el silencio... Ese silencio sordo, pesado, donde mi respiración era un estruendoso tambor...Y la inmensidad... a pesar del campo visual, limitado por mi máscara, resultaba sobrecogedora. Sin horizonte, como mirando plano desde un avión de arriba hacia abajo, donde los límites los traza la luz o más bien la falta de luz.

Íbamos siempre a los arrecifes de corales, cerca de cayo Sal o cayo Blanco con nuestro barco llamado el «Goló Goló» y llevábamos a bordo un pequeño bote de fibra de vidrio transparente con el que Silvano seguía a remo las burbujas de los que pescaban a profundidad.

La vida en Varadero transcurría toda alrededor del mar. Es más, gran parte del día permanecíamos textualmente dentro del agua. Nos poníamos camisas para no achicharrarnos y las señoras se metían en el agua no sólo con camisas sino también con sombreros o viseras. Sol fuerte aquél del trópico entre junio y agosto. Los niños lucíamos todo el verano nuestras narices irremediablemente despellejadas. La gente grande muchas veces tomaba sus tragos, antes del almuerzo, con el agua literalmente al cuello, mientras se conversaba y se miraba pasar a los esquiadores.

Cuando papá estaba, después de horas en el agua, se instalaba, antes del almuerzo, en la terraza de nuestra casa a cortar jamón o queso para la picada del copetín y nos convidaba a todos cuando salíamos por breves instantes del agua hambrientos como pirañas.

A veces pasaba el «mamoncillero» por la orilla y le comprábamos casi sin salir del mar. Mojábamos los deliciosos mamoncillos en el agua salada y los comíamos. No he vuelto a comer mamoncillos así.

Otra veces pasaba el «pirulero» y le comprábamos pirulines de colores que igualmente mojábamos en agua salada.

Durante el mes de junio tenía lugar «la corrida del camarón». La correntada de camarones bajaba por la laguna rumbo al mar. Los pescábamos apostados en la calle que la bordeaba, con jamos en forma de medio mundo y con faroles de gas. Todos en fila, sacábamos docenas de camarones.

En la laguna también se pescaba con el plomo a fondo, pero había que tener cuidado con las morenas, una especie de víboras acuáticas que a veces se nos enganchaban en las líneas.

Salir a cazar «kawamas», tortugas gigantes de aquellos mares, no era cosa de todos los días y pocas veces se lograba con éxito. Lo que sí hacíamos, casi al amanecer, era rastrear las huellas que dejaban en la playa. Seguíamos las pisadas estampadas en la arena y así descubríamos los nidos donde enterraban los huevos que habían venido a dejar en la playa la noche anterior. Eran redondos como pelotas de ping-pong. Una vez descubierto el nido, volvíamos a enterrarlos, marcábamos el lugar y controlábamos a diario para rescatar a las pequeñas kawamitas cuando les llegaba el momento de nacer. Una vez roto el cascarón las poníamos en enormes ollas de agua salada hasta que considerábamos que estaban lo suficientemente crecidas para sobrevivir en el mar.

Una sola vez logramos atrapar una kawama grande y la llevamos al garaje. Los chicos jugaron a subírsele arriba como si fuera un caballo pero fue poco lo que duró el entusiasmo por la gigantesca tortuga. Un insoportable olor a pescado podrido nos persuadió pronto de devolverla al agua.

Mis hermanos tenían un «sail fish» y mi hermana un «sun fish». Éstas eran unas embarcaciones que consistían en simples tablas con quillas y una vela. Parecidos a las tablas de windsurf. Solían navegar bordeando la playa en busca de sus amigos y subían a todos los que podían soportar sin hundirse.

Caminábamos mucho por la playa. Sobre todo temprano por la mañana en busca de callajabos, unas semillas bastante grandes que suelen entreverarse con las algas que tira la resaca cuando sube la marea de noche. Revolvíamos con palos y rara vez se producía el hallazgo. Se decía que los callajabos venían de tierras remotas y traían buena suerte. Conservo el que tenía mi madre engarzado como un dije con sus iniciales incrustadas en oro.

A veces por las tardes íbamos al pueblo, a la tienda «La Fisiatría» donde nos abastecíamos de anzuelos, líneas, plomadas, máscaras, «snorkels» y tantas otras cosas. Una granadina en algún carrito de la plaza principal del pueblo era casi obligatoria.

De tanto en tanto paseábamos por las lomas de Dupont y veíamos las iguanas al costado del camino.

Por las noches se daba cine en las casas. Los sábados, en la mía y venían todos los que querían, que no eran pocos.

También había reuniones por las noches. Bailábamos chicos y chicas a pesar de tener apenas ocho o nueve años. Sobre todo el «cha-cha-cha». Toda fiesta de cumpleaños terminaba indefectiblemente en concurso de baile.

Los «teenagers» se hacían serenatas de casa en casa, los grandes organizaban fiestas sin parar y los menores espiábamos todo lo que podíamos.

Todo aquello lo reviví mientras me bañaba en la playa de mi casa veinticuatro años después de haber tenido que irnos de Cuba. Como también lo revivo cuando me preparo para este viaje, segundo reencuentro con mi casa de verano sobre el mar. No estoy segura, sin embargo, de que exista todavía. Pronto lo sabré. Pronto lo sabremos todos.

Reencuentro con Varadero

Baldosas verdes y baranda de madera,
la escalera de mi casa junto al mar.
Cada escalón un latido,
un remolino en el alma
embebido en emoción.

Una ráfaga de repente
fue un latigazo en la cara
que se interpuso a mi paso
obligando a detenerme.
Golpe de olor a humedad,
mezclado con salitre y algas
que provocó una avalancha
de episodios del pasado.
Desbarrancados rodaron
los veranos de la infancia.
Los fui levantando de a uno
acumulándolos en mis brazos
arropándolos contra el pecho.

Aceleré las zancadas,
como alpinista que aspira a la cumbre,
yo buscaba la terraza
para llegar a la playa
y zambullir la mirada en las olas,
desparramar al sol los recuerdos
y desmenuzarlos con calma.
Tomando puñados de arena
y desgranándola entre los dedos,
gozar saboreando el reencuentro
de mi memoria con Varadero.

Primer regreso a Varadero 1984

Mi padre y yo en Varadero, *julio de 1955.*

Mi familia.
Último verano en Varadero, *julio de 1959.*

Ani, Eduardo, Robi, Ali, Alicia y Goar Mestre esquiando en Varadero, *julio de 1957.*

Primer regreso a Cuba, octubre de 1984.
Mi madre en nuestra casa de Varadero y frente a la playa.

LA ANSIEDAD ANTE EL SEGUNDO VIAJE
Marzo de 1997

Mechy ha llamado por teléfono para ultimar detalles del viaje. Faltan apenas diez días. Tiene miedo. Por un lado, inseguridad. No puede uno desembarazarse del miedo a quedar atrapada en Cuba. Por otro lado también miedo a tener que vivir tanta pena. Miedo a sufrir.

Los que ya hemos vivido la experiencia del primer regreso, sabemos que es durísimo, pero también que es necesario para poder vivir en paz. Cerrar el cajón y enterrar al muerto. De eso también se trata. Tiempo para volver a decir adiós, tiempo para despedirse de la tierra de uno y resolver el problema del desarraigo. La necesidad de pertenecer a algún lugar es parte de la condición humana. De dónde somos, adónde pertenecemos. Reconocerse cubana y sentirse reconocida por el país... O no.

¡Tantos interrogantes previos, y tantos interrogantes para resolver luego!

Mis temores esta vez, si puedo llamarlos temores, son de otra índole. Yo no tengo miedo ni a vivir la emoción nuevamente, ni a estar triste, aunque sé que lo estaré. Yo, como mi hermana, estoy llevando a mis hijos y lo que sí me inquieta es comprobar que Cuba no les guste. Que no se contagien del amor que yo sí le tengo, a su gente, a su sol, su vegetación, su mar, su música, su idiosincrasia. Será como dar un examen. Y no hay nada que podamos hacer. Cuba los conmoverá o no. Les gustará o no, les tocará alguna fibra íntima o no, y el resultado me importa mucho. Más de lo que quisiera.

En este mundo, no se ama lo que no se conoce, por ello debemos empezar por hacerles conocer nuestro país.

Se mezclan cosas en este viaje. Se mezclan mis padres que ya no están, sobre todo papá. Cuba tal vez se nos ha muerto, un poco con él. Él y también mamá, eran el nexo con el ayer y con el país. Nos hemos quedado sin referentes, pero sobre todo sin el referente cubano.
Volver con nuestros hijos será una forma de homenaje. A los dos. Estarán todo el tiempo en nuestra mente, en nuestro corazón y me pregunto si desde allá, si desde el más allá, se ve, se oye o se percibe de alguna manera. Si así es, yo sé cuánto les va a gustar que conmemoremos el aniversario de ambos nada menos que en Cuba. Pensando en ellos. Queriéndolos.

—Te gustó tu tierra, m'hija? —me había preguntado mi padre por teléfono, con la voz quebrada, casi sollozando de emoción, cuando llegamos desde Cuba a tierra mejicana, a la vuelta de nuestro primer regreso en 1984.

De alguna forma él debe de haber sentido también que su tierra tenía que pasar el examen. Y le importaba tanto como me importa a mí, ahora, que mis hijos amen mi país.

—Sí papi, me encantó —le dije. No le mentí.

Cuba me fue atrapando y enamorando en el transcurso de aquellos únicos, memorables, incomparables seis días que duró aquel viaje.

A medida que envejezco más importancia cobran mi infancia y mis raíces. Cuba me importa cada vez más. Será que el círculo está más cerca de cerrarse. Es menos el tiempo que me queda que el tiempo que he tenido. No hay duda. Tengo, como ya he dicho, 46 años.

¿Volveré a ver a Cuba libre? No hay mal que dure cien años, pero tampoco cuerpo que lo resista, dice el refrán.

Me gustaría pasar, en el futuro, parte de mi vida en Cuba. Volvería para contribuir, si me dejan, a reconstruir el país, y entre otras cosas ayudar a preservar La Habana. Todo el atraso en Cuba ha tenido una ventaja. El progreso no ha barrido con las viejas construcciones, ni con el carácter tan particular que tiene La Habana Vieja. La preocupación de los latinoamericanos por preservar los edificios que son historia, es relativamente reciente, por lo que el desarrollo de los '60 arrasó con buena parte de las construcciones antiguas, los viejos palacios de cada ciudad. En Buenos Aires, al menos, fue así.

No hace demasiados años La Habana Vieja fue declarada «patrimonio de la humanidad» por lo que perdura y tal vez perdurará. Pero las casonas del Vedado que no son parte de lo que estrictamente se llama La Habana Vieja, con sus fachadas de columnas y portales; El Malecón, con todas sus rejas y balcones coloniales, y tantos otros rincones de Miramar y del Country, deben conservarse. Ni hablar de Santiago de Cuba.

Y hay más. La falta de actividad comercial ha hecho que los carteles y la publicidad casi no existan. En cuanto a los efectos estéticos, el resultado es una maravilla.

Me gustaría volver a vivir junto al mar. Descalza y en ese perenne verano. Pescar, esquiar, nadar. Y disfrutar del humor, la chispa y la gracia de la gente. ¡La risa es tan fácil cuando uno está rodeado de cubanos!

La simpatía es la única condición que un cubano impone. No ser simpático en la escala de valores de mis compatriotas es el peor pecado, el peor de los crímenes, el defecto imperdonable. Después siguen, en orden de prioridades, otras virtudes tales como tener verdadero sentido del humor y saber reírse de sí mismo, bailar bien, ser un buen bromista y otras características así de esenciales...

UN POCO MÁS DE VARADERO Y RECUERDOS DE SANTIAGO DE CUBA

Faltan solamente seis días para ver el Morro y La Cabaña desde El Malecón. Llegaremos el 21 de marzo de 1997 a tiempo para el atardecer.

Continuando cronológicamente con mi primer regreso a Cuba en 1984, el día que estuvimos en Varadero fue tan memorable como todo el resto. Luego de bañarnos en la playa de nuestra casa, fuimos a Dupont, donde nos bajamos a recorrer la casa.

La casa de Dupont fue construida alrededor de los años '20 o '30 por el famoso magnate americano, en lo que a mi criterio era la parte más bonita de Varadero. Sobre un pequeño acantilado, con playas a derecha e izquierda, esta construcción estilo español estaba situada en un lugar privilegiado.

Convertida en restaurante, estaba atestada de gente. Gente horrible. Cerca de la puerta, por la imponente escalera tallada de madera, bajaba un moreno con el sombrero puesto. De repente echó un escupitajo en uno de los escalones, como si hubiera estado en el medio de la calle. La impresión fue terrible y no tuvimos ganas de seguir visitando la casa.

Recorrimos toda la costa. Vimos cómo habían dejado en un estado deplorable la casa de Batista, sin restaurar a propósito, para que quedara como testimonio del desprecio que el régimen castrista le profesaba al gobierno anterior.

Qué paradoja... fue justamente la desaprobación y el descontento hacia el régimen de Batista lo que unió a casi todos los cubanos en los años '50 para brindarle todo el apoyo a la revolución de Castro. Si bien Batista había contribuido en gran medida al desarrollo económico de

Cuba, la corrupción reinante en su gobierno era tal, que hizo desear y apoyar un cambio, cualquiera que éste fuera. ¡Cómo imaginar en aquel entonces que el remedio, es decir Castro, resultaría peor que la enfermedad!

Y allí estaba la casa de Fulgencio Batista, en total estado de abandono, para recordárnoslo.

Cortamos hojas y flores de bouganvillas para llevarnos de recuerdo, y volvimos por la Vía Blanca, la vieja autopista, a La Habana.

Bebe y Susana nos aguardaban con toda su hospitalidad.

A la mañana siguiente nos esperaba otra aventura: Santiago de Cuba.

Yo nunca había estado en Santiago, la cuna de mi padre, mis abuelos paternos y de cinco generaciones atrás. Santiago no iba a movilizar ningún recuerdo en mí, sí en mamá. Teníamos que ir. Papá quería que fuéramos a la tumba de mis abuelos, a su casa y a ver la bahía de Santiago de Cuba, tantas veces calificada por él «como la más bonita del mundo»...

Muy temprano, casi al amanecer, partimos en un avión soviético de Cubana de Aviación. Al llegar nos esperaba nuestro chofer-guía en un auto argentino de los años '60, un Falcon medio descangallado y, por supuesto, sin aire acondicionado. Nuestro chofer, al principio, se limitó a contestar con monosílabos y a seguir las instrucciones de mi madre. Fuimos primero a la droguería Mestre y Espinosa. Las tres mujeres nos bajamos del auto y entramos al edificio que había sido el centro de distribución de medicamentos para buena parte de la isla de Cuba.

En un pequeño vestíbulo despintado donde desembocaba una escalera, detrás de un escritorio, se hallaba un par de recepcionistas. Mamá, con la mayor naturalidad, les dijo más o menos así:

—Buenos días. Soy Alicia Mestre. Mi marido y su familia eran dueños de esta droguería y querríamos ver las instalaciones. Vivimos en la Argentina y estamos mis hijas y yo de visita en Santiago.

Las dos muchachas nos miran atónitas, clavan sus ojos en nosotros como si hubiéramos desembarcado de una nave extraterrestre. Por algunos instantes no saben qué decir.
—Un momentico por favor.
Una de ellas sale corriendo a buscar al jefe. Pocos minutos después bajan dos señores con el ceño fruncido, expresión seria y la desconfianza dibujada en la cara. Mamá arremete con su discurso con tono despreocupado.
Los dos hombres se miran mutuamente y tras unos segundos de muda deliberación, levantan los hombros y uno de ellos contesta.
—¿Por qué no? ¡Pasen!
Sobreviene una ola de invisible relajación y luego se escucha al mismo señor llamar a un empleado.
—Ey, ¡¡Alfredo!! Chico, ¿cuántos años llevas tú aquí?
—¿Yo?... ¡como veintiocho años!
—Entonces ven p'acá que aquí está la señora de Goar Mestre en persona. ¡Quiere visitar la droguería!
¡¡¡Para qué!!! .... El hombre nos pregunta primero por mi tío Abel, mi tía Aída, recuerda a toda la familia y no puede creer que estemos allí. Recorremos la droguería y vemos primero el sector administrativo donde prácticamente no hay empleados. Los escritorios están despojados y no hay a la vista ninguna máquina de escribir, ni ninguna calculadora. Nos dirigimos a la sala de depósito donde una cantidad de empleados están sentados en el piso, las espaldas apoyadas contra la pared. Conversan mientras se abanican. Los anaqueles donde hubiera debido existir un gran stock de medicamentos están prácticamente vacíos y la cinta transportadora, eléctrica, de última generación en los años '50, no funciona.
—Hace años que está rota —nos aclara Alfredo.

Conversamos un rato más, agradecimos y nos fuimos a visitar la casa en Vista Alegre donde había crecido mi padre y sus hermanos.

Las dos casas iguales habían pertenecido a mi bisabuelo Prisciliano Espinosa, más conocido en la familia como «Papa Prici», y su yerno, mi abuelo Luis Mestre, casado con Merceditas Espinosa. La tercera casa era de mi queridísima tía Esperanza Espinosa casada con Fiol.

Mi madre había estado por primera vez en esas casas en el año '38 o '39... Las circunstancias la habían llevado hasta estas alejadas tierras, en un viaje que, considerando la época, era toda una temeraria aventura y sólo podía haber sido impulsada por una historia de amor como la de mi padre y mi madre.

Mi padre había llegado a la Argentina en el año '36, contratado por la compañía Union Carbide para su división de pilas Eveready.

La primera vez que se vieron fue durante una salida en grupo que un amigo en común organizó. Cuando pasaron por la puerta las dos primas Martín, mi padre se quedó obnubilado con la belleza de una de ellas que, tal como suele suceder en estos casos, no le tocó de pareja.

Alicia Martín estaba en compañía de su novio pero ello no constituyó para mi padre ningún problema. Descaradamente se dedicó toda la noche a cortejar a mi madre ignorando a su novio y a su prima.

Sin embargo el asunto no le fue tan fácil al «cubano impertinente» de nombre tan raro, a quien, de haber podido, mamá hubiera estrangulado esa misma noche. Finalmente Goar se sale con la suya y comienza así un verdadero romance de novela.

Al cabo de un año se le vence el contrato y tiene que volverse a los Estados Unidos. Mi madre no se da por vencida y decide mantener viva la llama por correspondencia durante casi dos largos años en que no se ven.

Tanto fue así que mi padre empieza a considerar seriamente el casamiento.

Pero ¿cómo hacer para volver a verse? Un viaje entre Cuba y Buenos Aires duraba 5 días ya que los aviones no volaban de noche, y además costaba muchísimo dinero.

Por medio de una amiga, mamá, se entera que hay una vacante para enseñar español y estudiar inglés al mismo tiempo, nada menos que en la universidad de Vassar en Estados Unidos. Ella tenía su título de profesora de letras y la experiencia de dar clases de español a americanos, en su mayoría funcionarios de la Embajada de Estados Unidos en Buenos Aires.

Meses después de postularse, le llega la noticia que, en definitiva, cambiaría su vida. La universidad la había elegido entre no sé qué número de candidatas.

Demostrando una audacia descomunal ya que tenía sólo 26 años y era nada menos que hija única, comunica a sus padres su decisión irrevocable de partir.

Se embarca sola hacia Estados Unidos por vía marítima pero con la intención de hacer una escala en Cuba para conocer a la familia de mi padre, oriunda desde cinco generaciones atrás, de Santiago de Cuba. Hace cambio de barco en Miami y llega a La Habana donde la recibe mi padre y una tía de él, que habría de oficiar de «chaperona» en el viaje por tierra hacia Santiago.

Contaban miembros de la familia que no fue poco el revuelo que se armó con esta belleza argentina que Goar había traído.

Mi madre, por otro lado, contaba que Cuba, su exuberante vegetación y los cubanos la conquistaron inmediatamente.

Los Mestre le brindan una cálida acogida pero al cabo de unos días debe despedirse para partir hacia Estados Unidos a cumplir con su contrato en Vassar.

Durante el tiempo que allí enseña toda la universidad vive su romance como una apasionada novela en vivo y en directo. Cada vez que mi padre va a visitarla suspira todo el cuerpo docente de la Universidad y el alumnado, que nunca había contado con una profesora ni tan joven ni tan linda.

Al finalizar el año escolar, cuando ambos ya habían decidido casarse, es declarada la Segunda Guerra Mundial y quedan suspendidos debido al racionamiento de combustible todos los vuelos y barcos a la Argentina. Resuelven, pues, casarse en Nueva York y viajar luego a Cuba donde mi padre había conseguido la representación de una de las líneas de American Home Products.

Cuando se entera mi abuela paterna, pone el grito en el cielo y les hace cambiar los planes. La boda se celebraría en Santiago.

Nunca supe cuál fue la reacción de mis abuelos maternos pero puedo imaginármela.

Mi madre se compra sola, en Nueva York, su ajuar y su vestido de novia en la tienda Bergdorf Goodman y parte a Cuba un mes antes del casamiento para ultimar los detalles.

Sus padres no pueden asistir a la ceremonia y entra en la iglesia el 5 de junio de 1940 del brazo del hermano mayor de mi padre, Luis Augusto Mestre. Hasta que no terminó la guerra, cuatro años después, mi madre no volvió a ver a sus padres.

Lo cierto es que ese primer encuentro entre mi madre y los Mestre se había producido en esa misma casa que estábamos a punto de visitar, y apenas nos bajamos del taxi nos damos cuenta que allí funcionaba un colegio.

Nos dirigimos a la oficina de la dirección para solicitarles visitar las casas. Un moreno recibe a mi madre que con la misma tranquilidad vuelve a explicar las razones... Que los abuelos de mis hijas..., que la casa paterna....

—*Ningún problema. Vengan por aquí.*

Nos asignan como guía una rubiecita encantadora, maestra de gimnasia del colegio. Éste es un establecimiento especial para niños con retraso mental y con la correspondiente dificultad de aprendizaje. Empezamos nuestro recorrido por la casa de la izquierda, la de Prisciliano Espinosa. Allí funciona el sector de preescolar, es decir de kindergarten y preprimaria. Nos llevan a recorrer las aulas una por una, que están en pleno funcionamiento. Al llegar a la puerta de las aulas, la reacción de las maestras es siempre la misma: nos confunden con una delegación extranjera de miembros del Comité Central Comunista, o algo similar. Al principio se creen que somos rusos, ya que éstos visitan la isla con frecuencia. Interrumpen la clase con dos palmaditas. Hacen levantar a los niños y los hacen «homenajearnos» con lo aprendido en lo que va del año escolar: declaman todos juntos estrofas revolucionarias que van cambiando a medida que vamos de clase en clase. Más allá del sentido violento de los mensajes («socialismo o muerte», «patria, revolución y socialismo, venceremos»), cuando terminan de recitar nos sentimos conmovidos por estos niños que, a pesar de su deficiencia mental, han logrado aprender y luego repetir sus versos, esta vez en honor de nosotros. Somos testigos de un perfecto ejemplo de adoctrinamiento. A sólo dos meses de comenzadas las clases ya saben «su oración» marxista a las mil maravillas. (Las clases comienzan en septiembre.)

Todos los vestíbulos de las casas/colegio tienen afiches con la imagen del Che Guevara. Sobre caballetes, dibujos o fotos de revolucionarios empuñando fusiles y unas cuantas leyendas llenas de violencia, estrofas alusivas repletas de fanatismo.

La casa de mis abuelos es el sector de primaria. Nuestra anfitriona está encantada de oír a mi madre contar cómo era el movimiento de la casa, dónde se sentaba mi abuela a tomar fresco en su sillón de vaivén por las tardes; dónde la sala, dónde el comedor. La cocina está intacta, tal como la había visto mi madre, por primera vez unos cuarenta y cinco años atrás, cuando conoció a mis abuelos y a la familia de mi padre. Todos o casi todos vivían allí. Cuenta que allí vivían mi tío Abel con su mujer, Aída, algunos de sus hijos, mi tía Dora, su marido y su hijo, y no recuerda si mi tío Luis Augusto y su mujer también. Todos ellos se mudaron a La Habana en los años '40, inclusive mi abuela después de haber enviudado.

Vemos la última de las tres casas donde funciona la escuela secundaria y cuando terminamos el recorrido agradecemos debidamente a los directores del colegio.

Ya en la vereda, a punto de subirnos al auto que nos seguía esperando, mi madre recordó a una hermana de mi tía Aída, cuya existencia yo jamás había oído mencionar, y nos dijo:

—Yo no puedo pasar por Santiago sin ver a Silvia, la hermana de Aída. Tengo que ir a verla.

Le dio un par de instrucciones a nuestro chofer-guía y de repente nos encontramos frente a una casa extraordinaria, bastante derruida, copia del Petit Trianon en Versailles. Mamá bajó del taxi y los demás nos quedamos en la retaguardia. Tocó el timbre. Pocos segundos después, vino a atender una empleada de color.

—¿Está la señora Silvia? —dijo mi madre.

—¿De parte de quién?

—Dígale que Alicia Mestre está aquí.
Desde el fondo del pasillo se oyó una voz:
—¿Es posible? Alicia Mestre, ¿eres tú? ¿Es posible?
Silvia le dio un abrazo lleno de emoción a mi madre. No podía creer lo que estaba viendo.

Pasamos todos a la casa. El interior es un panorama sobrecogedor. Asoman los resortes de los tapizados, las cortinas están en jirones, la casa está despintada y Silvia no luce mejor que su casa. La hemos sorprendido y no hace más que disculparse por su apariencia. Tiene las raíces del pelo sin teñir, el pantalón demasiado holgado que no pega y nada tiene que ver con la blusa, los zapatos lucen poco menos que de cartón...

Conmocionada va a buscar a su marido, bastante enfermo, que se halla postrado, casi permanentemente, en una cama.

Vuelve Silvia a sentarse con nosotros y al rato aparece el marido. Es muy alto y sumamente flaco. No parece pesar más de 55 kilos y se lo ve muy débil. Parece que no puede resistir el esfuerzo y va a morirse allí mismo.

Comienzan ambos a hacernos un relato de las penurias y vicisitudes hoy en 1984. Cuentan que cuando fue el éxodo general de los años '60 ellos se quedaron en Cuba para cuidar al padre de Silvia, un señor ya mayor. Cuando éste finalmente murió, el hijo de Silvia ya estaba en edad escolar. Ya era hijo del Estado y no los dejaban salir. Quedaron atrapados entre dos generaciones.

Silvia y su marido escuchan permanentemente radio de onda corta y están sumamente enterados sobre la política en el resto del mundo. Sin embargo, producto de la propaganda oficial difundida por el gobierno castrista, creen que realmente existe una posibilidad de un ataque por parte de los Estados Unidos. Tienen la esperanza de que Ronald Reagan decida invadir Cuba.

Ansían cumplir pronto sesenta años (tienen alrededor de cincuenta y tres años), así obtendrían permiso para entrar y salir de Cuba y volver a ver a muchos seres queridos que viven en EE.UU.

¡Silvia está deseando envejecer! La vejez le traería algo de libertad....

El relato de la situación que viven y la desesperanza que transmiten causa un efecto inesperado en mi marido. Me doy cuenta de que se le están cayendo las lágrimas pero lo puede disimular gracias a los anteojos oscuros que tiene puestos.

Silvia se levanta y acompaña a su marido a su cuarto.

Mi madre toma la iniciativa y busca en su cartera. De haber previsto esta visita, habríamos traído más dinero. Juntamos todo lo que llevamos encima y logramos reunir unos quinientos dólares.

Cuando se los damos a Silvia empieza a exclamar conmovida, loca de felicidad...

—¡Con esto comemos bien por un año! ¡Comemos por la libre por un año!

En aquel momento (1984) en Cuba, había tiendas del Estado donde se podía comprar casi de todo, en pesos cubanos, a un precio muy por encima (alrededor de siete veces mayor) del que figuraba en las libretas de racionamiento. Ese mercado se llamaba «por la libre». El asunto pasaba pues, por cambiar los dólares en el mercado negro para hacerlos rendir a la hora de ir a comprar «por la libre». El Estado los cambiaba uno a uno (1 a $1); en el mercado negro la relación era alrededor de cuatro a uno (4 a $1).

Con el corazón partido nos fuimos a almorzar antes de visitar el fuerte, desde donde se podía ver la famosa bahía de Santiago de Cuba que papá tanto ponderaba. Roberto mi marido se sintió mal. Nunca supimos si fue un bajón de presión, el calor o el impacto causado por el encuentro con Silvia y su marido. Probablemente una mezcla de las tres cosas. Se quedó pues recostado en una banqueta del restaurante mientras el resto nos fuimos a visitar el fuerte, que estaba parcialmente cerrado. El sol brillaba con toda su furia y el calor era abrasador. Al no poder pasar al fuerte, tuvimos que mirar la Bahía de Santiago desde una pequeña abertura de la muralla del fuerte. No pudimos verla en toda su amplitud y nos desilusionó un poco, pero pactamos guardar en secreto nuestra impresión y no decírselo jamás a papá.

Nos dirigimos luego al cementerio de Santa Efigenia.

Una morena gorda y grandota estaba a cargo del registro. Mamá comenzó su indagatoria para ubicar las tumbas de mis abuelos. No había caso. No se conservaban los archivos de tantos años atrás. Mamá se estancó al lado de la empleada insistiendo para que revolviera los biblioratos más antiguos.

Mientras tanto, nosotros nos fuimos a dar una vuelta para ayudar en la búsqueda. El cementerio estaba impecable, cuidado, limpio y con flores.

Alrededor de los años '40 había ocurrido un extraño incidente que yo, de niña, había escuchado relatar a mi padre. Él tenía un tío, casado con Isabelita Espinosa, que había muerto muy joven, a los 35 años aproximadamente, y que había sido embalsamado como era la costumbre. Este señor tenía varios hijos, pero uno de sólo ocho o diez años de edad en el momento de su muerte. Llamaba la atención el parecido de ese niño con su padre. Aproximadamente veinticinco años después de su muerte, y como era también costumbre, se solicitó a la familia que hicieran una reducción de restos, para lo cual llamaron a su hijo como testigo. Cuando abrieron el cajón, el enterrador contuvo el aliento. El cuerpo estaba intacto. No se había descompuesto en absoluto, pero lo más sorprendente había sido comprobar que padre muerto a los treinta y cinco años e hijo vivo también de treinta y cinco eran iguales.

Caminábamos desperdigados por las calles del cementerio leyendo las lápidas cuando Poli se topó con un viejito, negro como el carbón, con el que entabló conversación. Según le contó éste, llevaba trabajando en el cementerio algo así como sesenta años. Poli le contó lo que buscábamos y el viejito, sorprendido, exclamó:

—Yo sí sé dónde están las tumbas de los Mestre, la de los Espinosa... Está cerquita de la de ese pariente de ellos, Vaillant, que al desenterrarlo muchos años después de su muerte estaba intacto y además idéntico al hijo que estaba allí. ¡Yo fui el que abrió el ataúd!

No podíamos creer lo que oíamos. Habíamos encontrado a un testigo presencial de aquel episodio inusitado.

El viejito nos llevó entonces a las tumbas de mis abuelos y mamá pudo liberar a la empleada del suplicio de seguir revolviendo todos los expedientes.

Las tumbas estaban bien. Papá podía quedarse tranquilo.

Durante el viaje de regreso hacia el aeropuerto de Santiago nuestro chofer había entrado un poco más en confianza con nosotros.

Nos contó las penurias por las que pasaba con su magro sueldo. Su mayor ambición, en lo que a consumo se refería, era poder contar con un par de «blue jeans» para cada uno de los miembros de su familia. Entraban a la isla de contrabando, costaban 100 pesos cubanos cada uno, lo que era el equivalente a un mes de sueldo, pero duraban tanto que él consideraba que la inversión valía la pena. Había libreta de racionamiento para comida y para ropa (que no incluía ningún «jean») y por ejemplo, el par de zapatos que les correspondía por persona por año, no alcanzaba.

Esa noche partimos en un avión ruso, con asientos de tela, hacia La Habana.

Santiago había sido un capítulo triste. Un contacto duro con una realidad, que viviendo en la residencia de la embajada, era difícil de palpar. La visita a Silvia nos había roto el corazón.

Si bien para mi madre, para mi hermana y para mí la historia de Silvia era bastante común, para Poli y Roberto fue un shock. Veían de cerca lo que verdaderamente significaba quedar atrapados en el sistema. Les costaba entender que esto sucediera efectivamente en los tiempos en que vivíamos.

FALTA MENOS

Hoy es martes 18 de marzo de 1997. Nos vamos mañana a Miami y el viernes a la mañana a Nassau y de ahí a La Habana. He hablado por última vez con Mechy que está angustiada. El clima de resentimiento de Miami le hace mal. Tiene miedo de que nos usen políticamente. Tiene miedo de sentirse en prisión. No quiere ir a la CMQ, está mal de ánimo. Dice que Adelaida también, que la ha llamado anoche llorando. Que le ha dicho que está sorprendida con el efecto que le está produciendo este viaje. Mechy tampoco comprende ni reconoce su propio estado de inquietud.

Yo sí la entiendo. Yo ya pasé por esos días antes del regreso. Ese primer regreso que es congoja y alivio, ansiedad y tristeza, necesidad y también alegría. Pero conmueve, sacude. Es un cimbronazo para el corazón. Un viaje al pasado, como si uno se metiera en la cápsula del tiempo y, en apenas segundos, reviviera lo bueno de la infancia y lo malo de haberla perdido así, de un arrancón, de un desgarrón. Pero hay que hacerlo. Es una asignatura pendiente en la vida de todos los que fuimos obligados a partir, porque entre otras cosas necesitamos ver lo que hemos amado casi sin conocer, porque necesitamos incluso despedirnos con conciencia de lo que significa «nunca más». Porque no importa lo que suceda, el nunca más ya ha sido. Ya es. Jamás volveremos a vivir en Cuba, ni nuestra Cuba volverá a ser lo que fue para nosotros. Para bien o para mal, fue. Volver es una necesidad como la que tiene cualquier ser humano de dar sepultura a sus muertos. Si bien Cuba no está muerta, nos está prohibida, vedada, negada.

Volver es una necesidad, como lo es cerrar una herida. Hay que ir a Cuba para poder vivir, con la madurez que tenemos hoy, la pena de haberla perdido para siempre.

Pero al mismo tiempo y a pesar del dolor que ello produce, volver a verla es una fiesta, una gloria, una revancha que nos tomamos con la historia. Se le hincha a uno el alma de euforia por el solo hecho de pisar su suelo y descubrir su encanto que nada tiene que ver con lo político. Yo sé que me entenderán después de haber estado allí, porque ésta es una experiencia intransferible que nos marca para siempre. Volver. Casi siento que debo agradecerle a la vida haber tenido que sufrir el destierro para poder vivir la experiencia y la emoción infinita de volver.

Para los que hemos vuelto, volver lo significa todo, a todo le da un sentido. Volver es recuperar un pedazo del alma que creímos perdido para siempre.

Mi aproximación a este regreso es otra. Yo ya volví. Ahora regreso otra vez para presentarles mi tierra a mis hijos. Pero me temo que no habrán de captar la verdadera dimensión de lo que para mí significa llevarlos. Uno se hace la ilusión que será gratificante compartir con ellos esta nueva vuelta. Será también una suerte de homenaje a mis padres. Sobre todo a papá que hubiera querido que al menos intentáramos, como lo estamos haciendo, contagiarles un poco de ese amor a su patria. A Roberto, mi hijo de 22 años, le decía que tenía el permiso para ir a Cuba a partir del hecho de que dominaba las tumbadoras y los bongós. Nació rítmico, con coordinación y buen oído que entrena continuamente. Pero cuánto de la esencia de Cuba absorberá, no sé. Cuánto de nuestro apego a ella penetrará en su corazón, no lo sé. Pero su abuelo en esto juega un rol especial. Intuyo que el inmenso amor por él será el eslabón, el nexo que lo conectará con este país. Martín (15) no tiene tal vez la madurez de comprender la magnitud de lo que significa el desarraigo, por lo que tampoco habrá de comprender completamente el valor del reencuentro con la tierra de uno. Quizás sea el que menos ha oído hablar del pasado, el que menos disfrutó la «cubanidad» de su abuelo. Para él todo será un poco ajeno. Para Mariana (20) todo pasará más por el afecto, por su enorme capacidad para comprender los sentimientos de los demás. Las vivencias de los otros. Mariana es todo sensibilidad y se compenetrará más a nivel sensitivo que racional.

Pero cuánto habrá de gustarles mi tierra, no sé. Cúal será el sabor que les quedará de este viaje, lo ignoro. Así como ignoro lo que me producirá a mí. No intuyo ni por asomo lo que me hará. De lo que sí estoy segura es de que recordaré a mis padres constantemente. Y veré si aquello que escribí cuando papá murió es cierto. Si Cuba se me murió un poco con él o si mi propio arraigo ha superado esa pérdida, incorporándola definitiva e irreversiblemente a mi esencia. Estoy casi segura de que así es porque pasan los años y el desarraigo pierde consistencia. A medida que envejezco es como si Cuba creciera en mí. Y ocupa cada vez más espacio dentro de mí.

Trataré de seguir escribiendo mientras esté allí. Cada noche lo intentaré.

IDENTIDAD

Trataré, pero no sé si podré. Si me remito a mi experiencia anterior, durante aquel primer regreso no pude escribir. Tan saturado estaba el ánimo de altibajos y emociones que exteriorizar en palabras lo que iba sintiendo me resultó imposible. Mi gran problema de identidad no quedó resuelto con aquel viaje de 1984. Tardé dos años en llegar a una conclusión que hoy me sorprende por lo sencilla.

Yo me sentía muy cubana cuando estaba en la Argentina y, si bien a mi llegada a Cuba no me sentí inmediatamente identificada, para cuando llegó el momento de irme, ya privaba en mí la sensación de que mi tierra y yo nos pertenecíamos sin lugar a ninguna duda. Creo que el trópico tuvo mucho que ver. Hay algo misterioso en esa exuberancia tropical. Es como si el follaje hechizara arropándonos suavemente con ramas y raíces, hasta que al final nos atrapa.

Pero al mismo tiempo, con mi querida Argentina (amor que constaté justamente después de la guerra de las Malvinas cuando experimenté cuánto me dolían esa locura y esa derrota) también tenía lazos fuertes, también nos pertenecíamos. ¿Entonces, qué era yo? ¿Cubana o argentina?

Tardé, decía, años en resolverlo, sentada en la tranquilidad de la noche en mi departamento de la calle Cerrito en Buenos Aires. Cuando me disponía a convertir en versos las vivencias de mi vuelta a Cuba, no bien tomaba papel y lápiz me ponía a llorar sin parar. Pero dos años después sobrevino la calma y en cierta medida se hizo la luz. En unos pocos renglones resumí primero mi identidad:

Lo que soy
Raíces de mi Cuba alegre,
ramas y retoños de mi Argentina triste.

Soy palma real y soy ombú,
soy pampa húmeda y verde,
soy mar caliente y azul,
soy el trópico,
pero soy también el sur.

Mi dilema, asombroso por lo sencillo. Yo era —soy— las dos cosas. Cubana y argentina. No hay por qué elegir. No hay que ser una cosa o la otra. Se puede —yo lo sé— ser ambas. Nada cambia.

Después siguieron otros versos rememorando cada uno de los momentos, algunos de los cuales incluyo en esta recopilación de recuerdos. Resuelto el problema de identidad, no significaba que se solucionaba todo el conflicto y la pena que trae aparejado el desarraigo, el destierro. La ruptura con tanto lazo de afecto.

Lo cierto es que partir por segunda vez fue duro. Han pasado casi trece años y sé exactamente todo lo que sentí. Tuve tiempo de despedirme, es cierto, pero en el fondo de mi corazón hubiera querido no tener que irme. Hice mi valija, tratando de no llorar, pero lloraba... ¡Cuánto lloraba aquel último día en Cuba mientras empacaba en aquel magnífico cuarto de la residencia de la Embajada Argentina!

Y pensé que de veras sería el último adiós, así como ése el único y último regreso, y aquí estoy años después, preparando un segundo retorno con mis hijos, ya grandes. Y escribiré —allá o acá— lo que vaya sintiendo. No sé muy bien ni para qué o para quién. Quizás para ellos y por esa necesidad inexplicable que va conmigo.

Será la historia de mis tres adioses.

EL EMBARGO

Llegamos a Miami. Primera etapa. Jueves 20 de marzo de 1997. Al llegar al departamento que era de mis padres, en Key Biscayne, nos reciben Ali y su marido Poli. Nos hacen la reseña de las conversaciones con los distintos miembros de la familia que viven en La Florida.

La postura de ellos, como la de muchos de los cubanos de Miami, es la de profundo rechazo a nuestra ida a Cuba.

Cada situación en la vida, tiene o puede tener dos posturas antagónicas. Éste es el caso.

Esa noche escribí lo siguiente:

Nos miran mal por ir a Cuba. Y los entiendo. Siento que mi postura tan firme hasta hoy se resquebraja. Tienen un punto de principios. Ideológico también. Comparto en gran medida lo que dicen y en cierta forma siento que los traiciono. Pero yo sé, y no es mero escepticismo, que el mundo no se rige por ideales ni ideologías, sino por intereses, y la postura de ellos no cambia, ni ha cambiado ni cambiará, el curso de la historia. Fidel sigue allí hace treinta y ocho años.

Toda moneda tiene un reverso, y así como la mayoría de los cubanos en el exilio apoyan y defienden la política americana con respecto al embargo, yo pienso diferente. Pienso que toda forma de aislamiento económico a un pueblo, como lo es el embargo, es contraproducente porque trae aparejado un bloqueo cultural y de información. El turismo permite en cierta medida poner en contacto a la población de ese país con el mundo exterior, un mundo mejor que les está siendo vedado. Pero con el turismo no alcanza.

Estoy convencida de que, de no existir ese aislamiento, la influencia, la información y los conocidos beneficios que el mundo libre ofrece, hubieran hecho al pueblo de Cuba rebelarse. Incluso derrocar a Castro.

Creo que no hay dudas de que el país más libre del mundo y el que más garantías individuales ofrece es los Estados Unidos y es, justamente, su poderosa influencia la que se le está negando a Cuba a través de todos estos años de aislamiento. Le están haciendo un favor a Fidel.

¿Cómo podría Castro seguir peleando contra el concepto del «sueño americano» posible y real, que trasunta en todo lo que hace, produce y dice Estados Unidos?

En el aspecto comercial: el enorme desarrollo. En lo tecnológico y científico no hay cuestionamiento posible sobre el liderazgo norteamericano. En lo creativo, en la prensa, en los medios de comunicación está siempre presente ese mensaje que ratifica que es la libertad e igualdad de oportunidades lo que la democracia le brinda al ciudadano criado en ella. A la juventud cubana le está prohibida esa posibilidad. El resultado está a la vista. Ignoran esa realidad norteamericana.

Por otra parte, el embargo le ha dado al pueblo cubano la excusa, el motivo, para mantenerse unidos frente al enemigo común: los EE.UU. El pedido de levantamiento del embargo es un clamor que mantiene al pueblo unido. El embargo canaliza el odio hacia los Estados Unidos y fortalece el vínculo entre los cubanos. Es fácil para Fidel echarle al embargo la culpa de todos sus males. Se ha creado un superenemigo que enlaza emocionalmente a los cubanos y, lejos de obligarlos a cambiar, los mantiene hermanados haciéndole frente al grande y todopoderoso. Es el cuento de David y Goliat.

Castro se obstina y el gobierno de turno de los EE.UU. teme perder los votos de La Florida y el dinero con que algunos cubanos exiliados contribuyen a sus campañas políticas.

Lo cierto es que si EE.UU. hubiera querido, Castro ya no estaría allí. Está porque Cuba no es lo suficientemente redituable para el resto del mundo. No tiene, por ejemplo, petróleo como Kuwait.

A los Estados Unidos no le conviene que Castro pierda el control pues no sabrían qué hacer con todos los que emigrarían de Cuba. Hoy la cuota de inmigrantes está agotada pero llegado el caso, ¿cómo evitar la horda de cubanos hacia la Florida? ¿O acaso alguien cree que liberada la Cuba de Castro la gente no querría irse? Se irían por millares movidos por la impaciencia del que quiere ya un presente mejor, del que ha vivido privado de todo y separado de sus familias demasiado tiempo.

Para los Estados Unidos Castro hoy no es un peligro y, lo que es más, resulta totalmente predecible.

Y el pueblo cubano, ¿tiene opción? No la tiene y padece el hambre que el turismo mitiga en cierta medida. No significa esto que estemos, como turistas, ayudando a que el régimen subsista. El régimen subsiste porque Castro tiene todo el poder y porque a quien tiene más poder que él, como los Estados Unidos, le conviene que así sea y se lo permite.

No voy a Cuba porque piense que el turismo es la mejor manera de ayudar a Cuba. No. Voy y fui por motivos absolutamente egoístas. Quiero mostrarles a mis hijos lo que queda de mi infancia antes de que haya desaparecido del todo. Quiero mantener viva la «cubanidad» que ha muerto con su abuelo, un personaje muy importante en sus historias.

Voy y fui porque mi vida es una sola y ya bastante me ha arrebatado Fidel. ¿Hasta dónde voy a seguir dejándole a Cuba sola para él y negándomela a mí y a mis hijos?

Mañana será el día. Me pregunto cómo estarán Mechy, Pedro, Adelaida y Josefina, que ya están en Cuba.

EL DÍA DE LA LLEGADA
Viernes 21 de marzo de 1997

Tomamos el avión de American Eagle rumbo a Nassau, donde haríamos la conexión para ir a La Habana.

Nuestra partida de Miami es la típica y azarosa expedición de esta familia. No importa lo que hagamos porque indefectiblemente nos perdemos en esta ciudad de intrincadas autopistas. Pero llegamos a tiempo al aeropuerto. El horizonte estaba negro. Muy tormentoso, y el avión, mucho más chico de lo que hubiéramos querido.

Cambiaban los motivos para el susto. El miedo ya no era por lo que viviríamos en Cuba, sino por caer en aguas del Caribe y ser primera plana de los diarios argentinos como «familia numerosa en accidente aéreo».

La primera etapa, pues, nos concentramos solamente en sobrevivir a las inclemencias del tiempo en un bimotor a turbohélice.

Llegamos a Nassau, recorrimos durante dos horas la isla y volvimos al aeropuerto para embarcar.

Trámite caótico. La gente que va a Cuba lleva decenas de bultos con cosas para los parientes y amigos, desde linternas hasta comida. Les pesan todo el equipaje por lo que no sólo se hace lento el preembarque sino que llevan en la mano todo lo que pueden para evadir el pago del exceso de equipaje. Las planillas con la lista de pasajeros, el embarque, todo, se hace de puño y letra. Sin computadoras, sin máquinas de ningún tipo. Como tarjeta de embarque entregan una tarjeta plastificada, sin número de asiento, reutilizable, como las que se dan en los aeropuertos a los pasajeros en tránsito.

Dan finalmente la voz de embarque y la gente sale, toda a la vez, despavorida, como si los corriera el mismísimo diablo. La cola sin embargo se atranca en la puerta del avión.

Primera vez que veo a la gente hacer fila en la escalera de un avión, a pleno sol, pasajeros de tres en fondo cargados como mulas en medio de un desorden indescriptible. Tardamos una eternidad en poder tomar posesión de algún asiento. Nos sentamos donde podemos medio diseminados por el avión. Entran los pasajeros dificultosamente con sus bultos. Tratan de acomodarlos en los compartimentos superiores provocando que el flujo se detenga. Muchos optan por ponerse las bolsas, paquetes o bolsones en la falda. Todo el mundo transpira. Nos tienen sin aire acondicionado sufriendo el calor más sofocante que recuerde.

Terminan de acomodarse los pasajeros. El avión se llena al tope pero todavía demoran como media hora más en emprender el vuelo y dar el aire acondicionado. Delicias de Cubana de Aviación.

Mi compañera de viaje resulta ser la hija de Alicia Alonso, la famosa bailarina de ballet. Trae en su equipaje todas las telas para la compañía. Confiesa ser una privilegiada por tener que viajar con frecuencia al exterior.

En la Argentina ese «privilegio» goza de otro nombre: «acomodo».

Durante el vuelo me duermo un rato. Mientras lo hago, me cuenta mi marido que dos cucarachas le pasaron al lado por las paredes de la cabina. Luego supimos que es tanta la comida que llevan los pasajeros entre sus efectos personales que se hace imposible combatir las cucarachas.

Pisamos suelo cubano a las cinco y media de la tarde.

Entramos al sector de migraciones y todo lo que pudiera describir aquí sería un pálido y desdibujado retrato del revoltijo de gente más grande en el que yo haya estado jamás.

Alrededor de ocho casillas cobijaban otros tantos empleados de migraciones. Cuando llegamos nosotros, ya estaban esperando los pasajeros de dos aviones grandes. Cada trámite demandaba alrededor de cinco minutos por persona. Lo más curioso es que no había formada ninguna fila, sólo un sólido y compacto «molote» de gente, apretado como en una manifestación o en un concierto de rock.

Nos llevó dos largas horas llegar al mostrador. Lo más gracioso fue cuando casi iniciamos una revuelta. Por segunda vez, en el lapso de pocos minutos, vinieron a colarse a la casilla que nos correspondía, unos «acomodados».

Los franceses adelante de nosotros casi se comen crudo a un funcionario. Las chicas de nuestra familia, sentadas en el piso, levantaron el murmullo de protesta, que acabó en un griterío que nada resolvió ya que siguieron atendiendo con toda parsimonia, a paso de tortuga.

Los españoles que esperaban detrás de nosotros estaban a las palabrotas. Ante la protesta generalizada, el más importante del pequeño grupo de los acomodados recientemente colado, explicó en voz alta a la multitud:

—¡Es que vengo invitado para dar una conferencia y llego tarde!

A lo que contesté en voz medianamente alta, como para que oyeran los colados y mis compañeros de espera:

—¡¡Uno para dar la conferencia y tres para que le soplen!!

Subió el murmullo, pero nuestro alboroto no sirvió para nada. Tuvimos que seguir esperando y bajamos un poco los decibeles de protesta, no fuera que acabáramos presos antes de comenzar el viaje.

Lo de migraciones fue un episodio surrealista. El control ejercido por las autoridades que no cuentan ni con una triste computadora fue sorprendente...

Luego de indigestarnos con nuestra propia impaciencia, logramos pasar y nos juntamos con nuestro equipaje. A la salida de la aduana nos esperaba un empleado de Havanatur con un cartel. Para nuestra sorpresa teníamos a nuestra disposición un ómnibus lindísimo, nuevo y con aire acondicionado. Nuestro guía Cheo, y Enrique el chofer, nos acompañarían toda nuestra estadía.

La excitación empezó a crecer cuando fuimos aproximándonos al Hotel Nacional. En el trayecto empezaron a hacerse oír los comentarios de nuestros hijos: «Qué lindos edificios, qué lindo esto y aquello»... y sentí una chispa de alegría.

Entramos al «lobby» divino de este antiguo hotel, estilo colonial, construido en los años '30.

Múltiples acontecimientos importantes en la vida social y política de este país tuvieron lugar aquí. Si bien estaba restaurado, se lo notaba un poco venido abajo. A los pocos minutos de estar en el proceso de registrarnos, aparecieron Adelaida, Mechy, Pedro y sus hijas recién llegados de su expedición a Cienfuegos. El griterío fue importante. ¡Qué abrazo nos hemos dado, qué alegría encontrarnos en Cuba!

—Cuéntennos, ¿cómo les fue en Palmira, en Cienfuegos?—les dije a ambos.

El largo relato llegó después.

Pedro Bonachea (59) salió de Cuba a los 29 años más o menos. Creció en Palmira, Cienfuegos. En su pueblo quedó una media hermana que hoy tendrá unos 70 años y su madrina, de edad similar, a quienes por supuesto, nunca más había vuelto a ver. Pedro estuvo los últimos años en Cuba conspirando y haciendo, como podía, algo de contrarrevolución. Por eso que tuvo que irse de Cuba, como tantos otros cubanos, dejando atrás madre y padre, ambos muertos años después sin haber podido volver a verlos.

La llegada de Pedro y su familia a su pueblo, fue una conmoción. Todo lo que le llevó de regalo a su media hermana y a su madrina, una bendición. Antiguos amigos del colegio vinieron a saludarlo, todos, conservando como podían su dignidad, limpios, planchados e impecables, poniéndose sus mejores ropas. Algunas hasta prestadas por vecinos o amigos.

Pedro se puso en contacto con el médico que atendió a su padre antes de morir, y lo invitó a comer al hotel Jagua de Cienfuegos. Este fue uno de los primeros testimonios dramáticos de los muchos recogidos en Cuba.

—Nosotros no podemos entrar a comer a este hotel —le dijo el médico a Pedro durante la comida.

—¿Cómo que no puedes entrar a comer aquí? Puedes si pagas con dólares ¿no?

—No, Pedro. Ni con dólares. Nosotros tenemos prohibida la entrada porque no somos turistas. Hoy estoy aquí porque me has invitado tú. Si no, hay que tener un pasaporte extranjero. En el Hospital Internacional, el mejor de Cienfuegos, tampoco puede uno hacerse atender. Debes tener un pasaporte o comprobante de residencia en el extranjero.

—¿Me quieres decir que la discriminación llega a tal punto?

—Así es.

Este médico le contó a Pedro que si bien los médicos son buenísimos, carecen de las cosas más elementales: anestesia, alcohol, medicinas, hilo para suturar, etcétera...

La media hermana y la madrina de Pedro tienen casas separadas pero viven prácticamente juntas. Una viene a dormir a la casa de la otra. La madrina hace 30 años que casi no sale de su finquita de diez mil metros cuadrados. Una hectárea. Tiene un empleado/socio que se lleva la mitad de lo que ella produce en su terrenito. Tiene cerdos, árboles de mangos, de paltas y hasta de café. Siembra todo lo que puede. Pero no sale a la calle. Su forma de protesta ha sido ésta. Se niega a ver con sus propios ojos el mundo exterior. Vive miserablemente sin agua corriente y muchas veces sin electricidad ni gas para cocinar. Debe dormir al lado de los cerdos para cuidar que no se los roben. Cobra una pensión de 60 pesos mensuales, es decir, tres dólares.

La visita de Pedro fue un acontecimiento en Palmira. Todo el mundo lo fue a ver. Todo el mundo vino a saludarlo y los que pudieron, le contaron sus propias historias. También fue a casa de algunos antiguos amigos y así recogió una cantidad de testimonios que le hizo tangible la verdadera situación de la gente en Cuba.

Un hombre se le acercó a Pedro y le dijo:

—Yo sé que tú venías al Club de Regatas. He vendido ya todo lo que tenía, pero lo último que me queda es este álbum de fotos del club. Hay fotos de todos los remeros campeones. Me he resistido a venderlo porque para mí tiene mucho valor, pero te lo vendo por dos dólares porque necesito desesperadamente el dinero.

Pedro se lo compró.

Pasearon por Cienfuegos y comprobaron cómo las plazas estaban llenas de gente. De hombres y mujeres jóvenes. Nadie estaba trabajando. Luego supimos el motivo: ¡no tienen en qué!

Las historias de Cienfuegos se sucedieron durante largo rato. Todas, conmovedoras.

De repente apareció Micho. Micho, María del Rosario Fernández Freyre, de 46 años, hija de mi madrina Silvia. Había venido a Cuba al mismo tiempo que nosotros. Había querido no sólo volver a su patria sino volver a ver antes que se muriera, a su niñera, su tata, que además de ser su madrina de confirmación y de haberla criado, ha permanecido en contacto por carta treinta y seis años.

La tata, negra como el carbón, consiguió que un vecino le prestara pintura y pintó su casa para recibir a Micho y su familia lo más dignamente posible. Es difícil explicar lo que significa en medio de tantas privaciones, conseguir en Cuba una lata de pintura. Es lo que más escasea y por lo tanto hay que pagar por ella un altísimo precio en el mercado clandestino.

Micho cuenta lo que ha hecho desde que llegó a Cuba hace treinta y seis horas.

Fue a su casa y pidió permiso para entrar. La dejaron pasar sin problema. Esperaba ver en el patio de atrás su casa de muñecas, pero por supuesto ya no está. Tampoco el patio ni el jardín. Han construido en él otra vivienda. La señora que le abrió la puerta la dejó pasar enseguida.

Entró al living de su casa y se sorprendió con lo mucho que le gustaron sus techos altos, sus ventanas amplias.

Le pidió a la «dueña» de la casa permiso para subir a la planta alta que era la casa de su abuela. Le explicaron que allí vivía una familia de rusos que se había quedado en Cuba. La cubana fue con Micho a la planta alta y no se sabe si por maldad o por bromear le dijo a los rusos:

—Aquí está la antigua dueña de esta casa que ha venido para que se la devuelvan.

Micho intervino diciendo que eso no era verdad pero obviamente no la dejaron entrar.

Micho nos contó cuánto hubiera querido gozar de unos minutos sola en el living de su casa, en tranquilidad y en silencio. Repitiendo textualmente sus palabras, «para encontrarme con mami».

Su madre murió hace aproximadamente diez años. Era, además de mi madrina, la amiga más querida de mi madre.

En este viaje todos, o casi todos, tenemos algo en común. No tenemos ya ni madre ni padre, y Cuba nos liga a la memoria de ellos.

La tata de Micho tiene varios hijos, todos con títulos universitarios pero ninguno puede ejercer su profesión. No hay campo laboral para ellos y, según confiesan, en Cuba hay discriminación racial. Los puestos clave no los tienen jamás los negros.

Un pariente de su tata fue a ver a Micho y le dijo:

—Por favor sácame de aquí, sácame de Cuba.

Micho no quiso comer, así que nos juntamos los Bonachea, Adelaida y el grupo recién llegado de Buenos Aires. Pedro nos contó más historias sobre Cienfuegos. Un amigo de la juventud, cuya ocupación años atrás era algo parecido a un agente de relaciones públicas, conservaba miles de notas sociales aparecidas en el «rotograbado» del periódico *Diario de La Marina*. Se le presentó con unos recortes de los Mestre en los años '55 o '56. En una foto están mis padres en Varadero. A mamá, se la ve absolutamente divina. Parece una actriz de cine.

Comimos en uno de los comedores del Hotel Nacional. El restaurante constaba de una decoración imponente, muebles buenos y una vajilla lujosísima pero también una comida horrible. Todo tenía un dejo de sabor a cloro.

PRIMER DÍA EN LA HABANA
22 de marzo de 1997

Gracias una vez más a Clarasó de la Vega, el ex embajador argentino en La Habana, y a otros amigos, establecimos contacto con la embajadora de la Argentina Susana Grané quien a su vez, solicitó a la Embajada de Bulgaria y a la Embajada de Portugal permiso para que las pudiéramos visitar. La primera, la casa de mi tío Abel y la otra, la nuestra.

Susana Grané nos esperaba a las nueve de la mañana. Antes de parar en la residencia argentina pasamos con el ómnibus por delante de nuestras casas para echarles el primer vistazo.

El griterío en el ómnibus impidió que el chofer se detuviera a tiempo delante de cada una de ellas, para que pudiéramos verlas bien. Nos pasamos, reculamos y volvimos.

—¡Ahí está, ésa es la nuestra! ¿Cuál, cuál? ¿Ésa? —preguntaban los chicos, no, la de al lado, que sí, que no.

Un barullo infernal. Un griterío ensordecedor. Un verdadero pandemónium. Parecíamos ciento cincuenta y no quince.

—Ali, ¡el árbol de la entrada no está! —le grité a mi hermana.

—Seguro que viste mal. ¡Tiene que estar!

Habíamos pasado nuevamente como tiro por delante de ambas casas en medio de una tremenda confusión de exclamaciones, y finalmente entramos a la Embajada Argentina.

Susana Grané habría de acompañarnos personalmente. Primero a mi casa y luego iríamos a la Embajada de Bulgaria, la casa de mis primos Mechy, Alberto y Luis. Luis murió trágicamente hace muchos años. Su hija Adelaida vino en este viaje con Mechy y su familia, en busca de raíces y de un pasado que pueda acercarla a su padre, al que no ha dejado de extrañar. Hemos conversado sobre eso y la comprendo. Cómo no comprenderla.

Alberto no quiso venir, pero su mujer, Josefina Sosa, que vivió en Cuba hasta los 17 años, sí; y era parte de este grupo.
Y empezamos por la Embajada de Portugal.
Cruzamos caminando la avenida 21, pasamos por delante de la casa de Mechy, y un arbusto con flores en forma de campanitas alargadas, diminutas y coloradas me trajo un recuerdo de la infancia. Arranqué algunas e instintivamente me puse a encastrar una adentro de las otras mientras caminaba. Llamé a Ali y le dije:
—¿Te acuerdas? Las poníamos así y hacíamos pulseras y collares...
Anduvimos unos metros por la calle bordeada a ambos lados por palmas reales.
Y allí estuvimos de nuevo. Ante nuestra casa. El árbol, en efecto, no estaba. Su tamaño debe de haber sido tal que seguramente ahogaba la casa. Lo deben de haber derribado y a otra cosa. ¿Qué valor puede haber tenido para ellos ese árbol? Ninguno. Una embajada, que cambia de dueños cada cuatro o cinco años...
Pero para nosotros... Ese árbol, como el de la parte de atrás del jardín, ambos ficus gigantes de no menos de cien años, eran parte esencial del recuerdo, de la casa en sí. Ese árbol cuyo tamaño nos sorprendió tan gratamente en nuestro viaje anterior hace casi trece años, había desaparecido. Qué pena inmensa.
Estoy segura, aunque nunca se lo pregunté a mis padres, de que la casa fue diseñada alrededor de esos dos árboles. De los demás árboles, recuerdo los comentarios de mi madre sobre cuando fueron plantados. Por ejemplo, las palmas de la entrada, palmas enanas, aunque el nombre hoy día no pareciera coherente con el tamaño que tenían, las había plantado mamá alrededor del año 1958. Eran muy altas pero diferentes a la palma real. Crecen como en grupos y son mucho más finitas.
—Aquí había un árbol —dije a mis hijos— tan grande como aquella copa que asoma por detrás de los techos. Aquel que se ve por allí arriba, es el árbol gemelo del que debiera estar aquí.
Tocamos el timbre. Entramos.

Nos abre una mucama. Pasa primero Susana Grané, a quien la empleada le explica que los embajadores de Portugal no están pero que han dejado instrucciones para que podamos visitar la casa.

Pasamos al hall de entrada y nos dispersamos un poco.
Un perro ladra incesantemente ensordeciéndonos. Los ladridos resultan exasperantes, desesperantes, estropean toda emoción. Recorremos desordenadamente la parte de la recepción.
Les explico a mis hijos, como puedo, qué había aquí, qué había allá y a medida que lo hago voy notando los cambios desde la última vez que estuve. Cómo me gustaría poder recorrer mi casa de nuevo, a solas y en silencio. Pero eso no es, ni sería jamás, posible. De cualquier manera, el propósito de esta visita es que mis hijos y mis sobrinos vean con sus propios ojos el entorno que nos vio crecer. Han silenciado finalmente el perro. Pasamos del patio central al pasillo de los cuartos, atravesamos el «shelter», originalmente con puertas rebatibles de madera y vidrio que, abiertas, dejan que la vegetación se integre a la casa. Unas horribles y firuleteadas puertas de hierro forjado han reemplazado a las originales. Allí almorzábamos todos los días. Les muestro a los chicos detrás de qué puerta se escondían mis hermanos Robi o Eduardo para asustarme, siempre que podían.
Pasamos a los dormitorios. Llegamos a mi cuarto, y allí están una vez más mis muebles. Pintados de celeste como fueron siempre, están todos juntos, con excepción de la mesa tocador, regalo de mis ocho años... Todo el mueble de abajo de la ventana, las camas, la mesa de luz y hasta la silla de respaldo alto, tapizada con su tela original a cuadros celeste y blanca, gastada y sucia.
Pedro viene detrás de mí con su cámara pidiéndome que relate y describa para el video, hasta que me pregunta por mi «tata», mi niñera.
—La perdí, Pedro, nunca más he sabido de ella.
Se me quiebra la voz y empiezo a llorar. No puedo articular palabra. Lágrimas y más lágrimas. Pienso para mis adentros: perdí a mi tata Caridad, a Lucy, a mis amigas, ¡a tanta gente! Caridad Rodríguez... No sabría siquiera por dónde empezar a buscarte. ¡Cuánto me gustaría darte un abrazo!
Vemos los baños, el cuarto de mis hermanos varones, el «playroom» donde todavía cuelga enroscada la pantalla sobre la cual proyectaban cine. La puerta que da al sector del jardín que llamába-

mos «la pista», está cerrada con llave. El cuarto de mis padres también.

Visitamos la cocina. Intacta, exacta. El lavadero luego, mientras Pedro me dice «cuéntanos, cuéntanos para el video cosas de tu niñez». Me acuerdo de un incidente sin importancia de mi infancia muy temprana. Les muestro a los chicos la pared sobre la cual, una sola vez en mi vida había sucumbido a la tentación de garabatearla con crayones. Era muy chiquita pero jamás olvidaré cómo en penitencia me la habían hecho cepillar y lavar.

Recuerdo a la voluptuosa Olga, la cocinera por muchos años, a Ceferina que la sucedió, a José, a Ramón, hasta hoy tan afectuoso, incluso a Julián y Catalino, los jardineros que venían tres veces por semana. También a Alfonso, a nuestro querido mucamo Alfonso que sacamos de Cuba junto a su mujer y su hija al poco tiempo de habernos ido...

Los azulejos celestes, las mesadas de acero inoxidable, todo está igual.

Salimos al jardín otra vez por el «shelter», tan cambiado con esas horribles ventanas de hierro forjado... y llegamos al borde del otro ficus que sí está en pie. Mi árbol. Nuestro árbol de la infancia. Imponente y divino. Opulento y frondoso como sólo pueden serlo los árboles del trópico. Creo que mis hijos y mis sobrinas quedan maravillados.

Caminamos hasta la pileta rodeada de altísimas palmas reales que deben de tener mi edad.

La casa se construyó en el '50 y a los pocos años, dos o tres, se hizo la pileta. Fue entonces cuando plantaron las palmas. Tienen, pues, alrededor de 45 años. Visitamos los vestuarios de la pileta, recorremos el jardín y buscamos en los cercos las puertas de conexión con las casas de mi tío Luis Augusto y la de mi prima Mechy. Esta vez las encontramos. No están tapiadas.

Nos dirigimos luego a la «pista» y vemos la casita de las bicis que también está cerrada. Mechy y yo, nos paramos en el desnivel de cemento donde solíamos montar los shows. Recordamos una de nuestras últimas representaciones. Les contamos a los chicos que el *último show que montamos fue en febrero de 1960, poco antes de tener que irnos. Hicimos una representación con escenografía prestada por la CMQ, la estación de televisión de nuestra familia. Junto con otras niñas, representamos «Hansel y Gretel» y bailamos varias coreografías diferentes para una platea compuesta por todas nuestras amigas.*

Hacemos un par de pasos y nos tomamos de la cintura cantando «Hernando's Hideaway... olé» y nos sacamos allí una foto. Nos acordamos también de un «Fumando Espero» que representó Mechy sola, con una boquilla de cuarenta centímetros de largo cuya imagen tengo en mi mente tan presente como si la estuviera viendo en este momento.

Volví a pasear por mi casa sin tiempo para pasear por mi infancia. Nuestra visita fue un torbellino. Además, a las diez en punto nos esperaban los embajadores de Bulgaria para visitar la casa de Mechy.

Muy amablemente el embajador y su mujer salieron a recibirnos y entramos los quince.

Lo primero que vemos en el living es el piano de Luis Enrique, el padre de Adelaida.

Adelaida se acerca a él, lo abre, se sienta en la banqueta dándonos la espalda, y llora tocando las teclas de una en una. Todos recordamos en ese momento a Luis y nos conmovemos frente a este piano donde inició su carrera de pianista. Hacen ya unos cuantos años que Luis ha muerto y Adelaida ha venido a Cuba a rescatar lo que pueda del recuerdo de su padre. Este piano es todo un símbolo. Nos gana la emoción de nuevo y todos tenemos los ojos llenos de lágrimas.

Recorremos la casa y comprobamos que está en perfecto estado. Mucho mejor que la nuestra. Mechy nos muestra su cuarto, el de sus hermanos, el de sus padres y salimos al jardín.

La embajadora trae una bolsa para Mechy. Contiene un álbum de fotos. Por un momento Mechy se ilusiona con recuperar aunque sea un puñado de fotos del pasado. Pero no es de su familia. Nos cuentan que no hace mucho tiempo, algo se había roto en la cocina, por lo que tuvieron que sacar las placas de material acústico que formaban el cielo raso y cubrían lo que sería el dintel de la ventana. Hallaron allí, ese álbum. Y quién sabe cuántas cosas más que nunca sabremos. El álbum resultó ser de un Vaillant y no de mis tíos Abel y Aída.

El jardín de Mechy, tan copioso y fértil como el nuestro, no tiene tapiado el cerco que lo comunica con la casa de Tío Luis Augusto. Podemos desde allí echarle una ojeada. Una enorme antena parabólica se halla en un extremo. Sacamos las fotos que podemos.

Mechy nos muestra desde afuera la ventana de su cuarto donde solía espiar las fiestas de su casa. En el piso de la terraza, que a su vez da al jardín, hay un círculo en el piso, hecho de otro material, que servía de pista de baile. Todo en Cuba terminaba en baile y mi tío Abel era famoso buen bailarín. El mejor de La Habana, solían decir. Nos fotografiamos todos en ese lugar.

Nos despedimos de la embajadora y nos fuimos a caminar por el barrio, rumbo a la calle que daba a la entrada principal de lo de Tío Luis Augusto.

Las casas de esa cuadra nos impresionaron por lo importantes y bonitas.

Al llegar a la entrada de la casa de Tío Luis Augusto, nos encontramos con un grupo de jardineros que estaban terminando de podar. Les pedimos permiso para entrar. Al rato vino una señora y nos autorizó a recorrerla únicamente por afuera. Era más de lo que esperábamos.

Sacamos muchísimas fotos para Oscar y Vera, nuestros primos de ese lado. En esa casa no sólo vivía mi tío Luis Augusto, el mayor de los hermanos de mi padre, y su mujer, Nena Mascaró, sino también uno de sus hijos, Oscar, Ana Victoria su mujer y sus hijos: Any Vicky, Corina y Luis. Yo le llevaba a Any Vicky un año nada más, por lo que estábamos siempre juntas. Con los años perdí el lazo que nos unió tanto de chicas. Estuvimos como veinticinco años sin vernos después de habernos ido de Cuba.

A casa de mi tío Luis Augusto no íbamos demasiado, pero sí recuerdo las veces que al entrar se oía a mi tía Nena practicando canto, haciendo escalas interminables que retumbaban casi aterradoramente. Había que mantener el silencio cuando «Yeya» cantaba, repetía obediente Any Vicky refiriéndose a su abuela, así que huíamos. Moralitos se llamaba el pianista que la acompañaba, quien, a su vez, nos enseñaba a todas las primas a tocar el piano. No me acuerdo tanto de mi tío Luis Augusto. Lo conocí poco. Murió en 1958 en un viaje en Nueva York. Sin embargo, siempre le oí a mi padre hablar de él con la más profunda admiración: «Era el más inteligente de los tres hermanos». Juntos emprendieron innumerables negocios. Sumaban veintitrés las empresas que dejaron en 1960. Luis Augusto era el balance perfecto entre los hermanos, el más equilibrado, con el carácter de un santo y la paciencia de dos. De él conservo solamente la imagen de un hombre plácidamente sentado en el porche de su casa en un sillón hamaca.

La casa está bien tenida. Jardín y casa eran los más grandes de las tres. No supimos quién estaba adentro, pues la casa pertenece a «Protocolo» del Gobierno. Siempre se nos dijo que esa casa es una de las favoritas de Fidel para dormir. Recorrimos lo que pudimos, y otra vez descubrimos en el piso de la terraza del jardín, un círculo más pulido: la pista de baile de las fiestas.

Nos encaminamos al minibús para ir al antiguo «Sagrado Corazón», hoy la Academia de Medicina.

Josefina había entrado allí el jueves y la habían dejado pasar sin hacerle problema alguno. Nosotros no tuvimos igual suerte. Le rogamos a la encargada de la portería pero, por ser sábado, nos estaba totalmente prohibida la entrada. El edificio nos pareció lindísimo y nos quedamos con las ganas, Ali, Mechy y yo, de visitar nuestro colegio.

A duras penas pudimos luego entrar al renombrado Country Club de nuestros padres, hoy, la Escuela de Arte. Pero convencimos a las porteras de que nos dejaran ver solamente la famosa terraza donde se hacían las fiestas y que tantas veces oímos mencionar. ¡Qué lugar espectacular y qué vista preciosa! El campo de golf, sin embargo, ya no existe. Lo han llenado de construcciones horribles.

Fuimos al Biltmore, a almorzar, a lo que este gobierno ha llamado Marina Hemingway. No había nada que pudiéramos recordar. Lo han transformado todo. Pésimo el servicio, malísima la comida y muy caro. Decidimos nunca más almorzar durante el viaje, ante la evidencia de que los restaurantes resultarían todos igualmente malos y lentos. Nuestro tiempo en Cuba era demasiado valioso como para desperdiciarlo así.

La parada siguiente fue en el Yacht Club. Josefina también había entrado el jueves, así que fue ella la que se bajó del ómnibus en busca del mismo viejito a quien había convencido y a quien luego había regalado un par de dólares que seguramente le cambiaron la vida por una semana. El hombre nuevamente se dejó convencer y accedió a dejarnos entrar.

El club no ha sido tocado en treinta y ocho años. La pintura, el estado de las aberturas, todo lo que es de madera, lo demuestran. Se ve lo bonito que fue y da pena ver cómo está. El portero, súbitamente transformado en guía, nos hace toda una reseña de la vida de esa institución y hace referencia a la «política discriminatoria de la oligarquía de aquellos días, que había impedido que el entonces presidente de Cuba, Batista, fuera aceptado como socio, por no ser su piel totalmente blanca». Permanecimos mudos ante el comentario. Ninguno de nosotros podía decir si la historia era cierta o no, pero bien podría haber sido. Batista no era de la misma clase social que la de la mayoría de los socios del Yacht y no habría sido de extrañarse que no lo hubieran aceptado.

Visitamos la piscina, donde recordé haber ido a entrenarme mi último año en Cuba. Había llegado a las últimas eliminatorias del «Big Five», donde perdí por poco. Pero todavía recuerdo las competencias, el traje de baño blanco que representaba a mi club y la carrera que le gané finalmente a Gracielita Pujol en las eliminatorias. No la he vuelto a ver nunca más, pero de repente me vino su nombre a la memoria.

El mar allí era mar abierto, por lo que era un mar agitado, pero casi tan turquesa como el de Varadero.

Si mi padre hubiera visto el Yacht Club así, su tristeza hubiera sido incalculable.

Nos dirigimos después a La Habana Vieja. El Templete y la Ceiba bajo la cual se ofició la primera misa en Cuba, la Plaza de Armas con la casa de los Capitanes Generales, La Bodeguita del Medio, las calles coloniales, la Plaza de la Catedral. Todo, atiborrado de turistas. Casi no se podía caminar. De haber relaciones con los EE.UU. y la consecuente cantidad de viajeros, no se podría circular por las calles de La Habana Vieja.

Las plazas están arruinadas por los vendedores. En la Plaza de Armas venden libros, y hay algunos caricaturistas. Pero no pueden estar allí gratuitamente. Deben pagarle al Estado sesenta y cinco dólares por mes, en billetes verdes, en concepto de alquiler del espacio público.

La feria artesanal, donde se ven cosas horribles, lo afea todo. Los artesanos cubanos no hacen nada que sea característico del país y de lo que hacen, todo es poco atractivo y de dudoso buen gusto.

Entramos a la Catedral, caminamos las calles todo lo que pudimos y nos fuimos, ya de tardecita, al Nacional para cambiarnos y estar listos para ir a Tropicana.

Comimos en el hotel, donde toda la comida tenía nuevamente un horrible olor y sabor a cloro. Llegando a Tropicana, nos asombró la enorme cantidad de ómnibus llenos de turistas. Tropicana estaba lleno.

El show, mediocre, pero el entorno, con los escenarios y pasarelas entre los árboles gigantescos, impresionó a todos.

El predio donde se construyó este cabaret famoso en los años '40, había sido un jardín botánico. Su dueño tuvo la genial idea de hacer los escenarios entre los árboles, pasarelas a treinta metros de altura, y juntar un elenco multitudinario de mujeres lindísimas. La combinación de show bajo las estrellas y la vegetación desbordante resultó un éxito, y el lugar cobró fama internacional.

Hoy, el gobierno lo sigue explotando, pero la calidad del espectáculo —técnicamente— deja mucho que desear. Pienso en un moderno equipo de luces robotizadas, rayos láser, en una buena amplificación de sonido y se me hace agua la boca con lo que el lugar podría dar. La puesta en escena, en general, no es mala pero es anticuada, y sin duda, bastante cursi. En el último cuadro aparece una pareja vestida de blanco. Ella, con un tutú de tul blanco lleno de brilladera, y él, con la típica malla de baile apretadita. Mientras hacían malamente tradicionales pasos de ballet clásico, súbitamente, aparecieron rodeados por decenas de mulatonas encarnaditas, llenas de plumas que nada tenían que ver con ellos. El cuadro completo nos provocó una carcajada que, gracias al sonido desmedidamente estridente, no se oyó.

El vestuario, sin embargo, no tiene nada que envidiarle a ninguno de los cabarets del resto del mundo, y las mujeres me parecieron extremadamente atractivas.

Si existiera la reencarnación pediría un poquito de sangre negra como para tener esa piel un poco oscurita y aterciopelada de las mulatas.

Después de Tropicana, y ya de vuelta en el Nacional, fuimos algunos de nosotros a tomar un mojito y disfrutar del aire fresco, en una de las galerías del hotel que dan al mar. Desgraciadamente, no había nada iluminado, por lo que no podía verse ni el jardín, ni a lo lejos el Morro o La Cabaña.

Nos quedamos conversando fundamentalmente Micho y yo. ¡Hacía tantos años que no nos veíamos! Hablamos de nuestras madres —tan amigas—, de lo mucho que se querían, de la carta de mamá a Micho cuando Silvia su madre murió, de nuestra infancia y otras cosas. El trío de música se nos acercó y dedujo que todos éramos argentinos. Tocaron «Volver» y el efecto de ese tango y su letra fue inmediato. Dice parte de ella: «Volver con la frente marchita/ las nieves del tiempo platearon mi sien... Sentir que es un soplo la vida/ que veinte años no es nada...».

Micho y yo empezamos a llorar, nos reíamos al mismo tiempo un poco avergonzadas, pero no podíamos contenernos. Tratamos de cambiar de tema, pero volvíamos a llorar y a reír producto de que la sensibilidad en un viaje así anda muy a flor de piel, y el control cuelga de un hilo muy finito, tan finito que con frecuencia se corta.

Sentí esa noche que recuperaba una amiga extraviada hacía muchos años. No quiero perder contacto con ella nunca más.

Segundo regreso a Cuba. La Habana, marzo de 1997.

Todo el grupo en la entrada de mi casa.

Mechy y yo en "Hernando's Hideaway", *febrero de 1960.*

Rememorando donde montábamos los shows, *marzo de 1997.*

Mi hermana Ali y yo junto a nuestro árbol, centro y refugio de los juegos de la infancia.

Junto a esta piscina, el 29 de Marzo de 1960, me despedí de mi casa, de mi infancia y de mi país.

una espesura verde, intensa, majestuosa, desbordante de frondosidad, se interpone a una altura descomunal entre el cielo y yo".

SEGUNDO DÍA
Domingo 23 de marzo de 1997

Tres años de muerto papá. Además, Domingo de Ramos. Optamos por la misa de Santa Rita en el barrio de Miramar. Está situada frente a una plaza con los árboles más extraordinarios que haya visto jamás. Tal vez una variedad de ficus, pero los llaman «los árboles que caminan». Les cuelgan lianas, que cuando llegan al piso, van echando raíces y engrosándose como troncos. Cada árbol, pues, cuenta con un sinnúmero de troncos que simulan piernas. De allí su nombre.

La misa fue diferente. Antes de comenzar hubo una representación excelente de la Pasión de Cristo. Al terminar, todos a coro cantaron algo cuya letra daba a entender que la fe no podía ser vencida. Se me empezaron a saltar las lágrimas y me sentí ridícula. De repente vi de lejos a Josefina que lloraba igual que yo, y entonces me di cuenta de que no era la única emocionada. «Todos los seres humanos, finalmente, nos parecemos mucho», pensé. «Nos conmueven las mismas cosas y este viaje nos tiene a todos muy susceptibles.»

A la salida de la misa nos sacamos innumerables fotos con los árboles. Los chicos se colgaron de las lianas, tomando envión como Tarzán en la selva.

Recogimos a algunos de nuestro grupo en el hotel, y partimos a hacer una recorrida de la ciudad antes de enfilar hacia Varadero.

Paseamos por la calle G, donde se halla el monumento a los presidentes, paramos en la Plaza de la Revolución donde se encuentra el monumento de José Martí al que no pudimos subir. Domingos, cerrado. Por sugerencia de Josefina fuimos al barrio de La Víbora.

La Habana, antes de extenderse hacia el oeste, hacia «El Vedado», «Miramar», el «Country» y el «Biltmore», creció hacia el sudeste, hacia «La Víbora». Ese barrio está aún más abandonado, pero allí comprendimos, de verdad, por qué se llama a La Habana la ciudad de las columnas. Todas las calles con recova, y todas ellas con las columnas diferentes, pero de la misma altura. Fueron construidas en su mayoría entre el siglo pasado y el principio de éste. Estas casas coloniales de colores claros y balcones de hierro forjado, en otro tiempo, pertenecían a familias acomodadas. Algunas conservan el color «azul cubano», que no es otra cosa que el azul de las construcciones coloniales de la época. En la Argentina, todavía hoy, algunas casas de estancias se siguen pintando así.

La Víbora esta construida en lomas empinadas, por lo que es aún más interesante. Restaurada sería única.

Tomamos la carretera y nos dirigimos a Varadero. En el camino fuimos viendo pozos de petróleo. La maquinaria para extraerlo, sin saber mucho del tema, nos pareció bastante rudimentaria y antigua. Nuestra siguiente parada debía ser el puente de Bacunayagua, sobre el valle de Yumurí.

Recordaba lo lindo que me había parecido en mi viaje anterior y tenía grandes expectativas. Al salir de La Habana me señalaron que esta era la época «de la seca», por lo que el verdor tropical no sería tan intenso. No importa, pensé. Las Palmas de Yumurí seguirán estando.

Y en efecto: sobresalían erguidas y por millares. La vista era sensacional. Tan linda como la recordaba. Un paisaje tan cubano como puede serlo un paisaje.

Sacamos fotos y muchos tomaron agua de cocos que un campesino, allí no más, abría de un hachazo y los vendía.

Continuamos hacia Varadero. A medida que nos fuimos acercando, la ansiedad iba en aumento.

"¿Qué hay tan cubano mi hermano,
que de un vistazo resuma en un paisaje de Cuba, desde el congrí a Martí?"

"Lo más cubano, mi hermano, es el valle de Yumurí".

VARADERO, UNA VEZ MÁS

Atardecía cuando las divisamos.

 Desde la ruta con la laguna de por medio, vemos, a gran distancia, las casas. Nos cuesta reconocerlas, pero allí están, existen todavía. No pensábamos, en principio, ir a visitarlas esta tarde, pero la ansiedad es demasiado intensa y decidimos cambiar los planes. Empezamos a notar los cambios en todo el trayecto. Vamos bordeando la laguna. Josefina reconoce un par de casas. Llegamos. Al acercarnos se nos cae el alma a los pies, se nos encoge el corazón y un dolor profundo se me aprieta a la garganta. Están en ruinas. Casi no las reconozco. ¿Qué ha pasado?
 Entramos a la nuestra. Hay escombros en el piso y algunos marcos de puertas y ventanas han sido arrancados. La baranda de madera de la escalera originalmente barnizada, está descascarada de pintura turquesa; el piso, roto en partes. El olor a Varadero se ha evaporado. Subo sorteando pedazos de mampostería y, a medida que avanzo, los destrozos son mayores. Ali está relatando para la cámara de video cómo era la forma original de la casa. Yo no quiero oír, más bien quiero atravesarla rápido. Quiero salir de allí. Necesito oxígeno, aire, espacio, desahogo. Cruzo por adentro lo más rapido que puedo y me voy a la playa desde donde puedo tener una vista completa. Desde allí puedo verla en su totalidad. Siento rabia, una pena intensa, gran indignación, impotencia. ¿Por qué le estaban haciendo esto a mi casa... y a mi país?
 Toda la decadencia, la dejadez, y el deterioro de un país, simbolizado en mi casa de Varadero. Y esto que le han hecho a mi casa, me lo están haciendo a mí.

Y allí, parada en la playa, me siento llena de furia. Contra la situación, contra este Gobierno que me ha privado de tantas cosas, y contra la gente de Cuba que deja que esto les suceda sin oponer resistencia, con semejante grado de resignación y apatía. ¿Tantos años de miedo y opresión conducen inexorablemente a este letargo? La historia del mundo dice que así es.

La casa de mi tío Abel está en las mismas condiciones. Toda llena de escombros. La piedra con la que estaban construidas las paredes de ambas casas —piedras de canto— están ennegrecidas, manchadas con humedad. Las casas tenían, originalmente, un muro que separaba el jardín de adelante, de la arena. Ese muro sostenía el jardín que en definitiva era como una terraza, les explico a mis hijos. Una escalera conectaba al jardín con la playa con no más de cuatro o cinco escalones. Muchos inviernos el mar rompía el muro con sus olas, cuando venían las crecientes de tormenta, y año tras año se reparaba. Pero los muros no existen, tal vez se hallen sepultados bajo la arena que llega casi hasta el borde de las casas. Tal vez el mar se los ha devorado.

Respiro hondo. Tengo que ver mi casa por adentro.

En ambas casas hay muy mal olor. Los obreros han hecho sus necesidades por doquier.

Recorro mi casa, recorro también la de Mechy mientras ella se lleva, por sugerencia de Pedro, algunos pedazos. Como si en esos pedazos pudiera preservar algo... la manija de una puerta, un pedazo de marco, de piso... Yo misma me llevo un pedacito de cerámico verde de nuestro piso. Lo estaban rompiendo a pesar de que está en perfecto estado. Aquello que el tiempo no ha podido destruir está siendo demolido por órdenes de esos burócratas incapaces al mando del «desarrollo» del país.

Atardece. El sol se está poniendo y el cielo está grisáceo. Como el ánimo. Éste no es nuestro Varadero.

Tristes, cabizbajos, rumiando cada uno para sí mismo su indignación, su impotencia, su tristeza y desazón, llegamos al hotel Meliá de Las Américas.

A lo largo de la playa han construido un hotel al lado del otro. La mayoría son de tres estrellas, a lo sumo cuatro y pertenecen casi todos a cadenas españolas. Atravesamos el pueblito de Varadero que ha perdido totalmente su carácter. Pasamos por la iglesia donde escuchábamos misa los domingos y creemos identificar la plaza donde comprábamos granadina. Y hasta tal vez la esquina de la tienda «La Fisiatría».

Todas las casitas de las inmediaciones del pueblito son horribles, ordinarias, sin personalidad, sin estilo ni categoría alguna. El equivalente a los monoblocks, pero de una sola planta.

Nuestras llegadas y la gestión para registrarnos en los hoteles fueron, a lo largo de este viaje, un poco caóticas. Los hoteles, en su mayoría, son emprendimientos mixtos entre compañías privadas y el Estado. La atención, si bien es un poco mejor que en la de hoteles como El Nacional, que son ciento por ciento del Estado, deja mucho que desear. Ningún turista internacional puede, por ejemplo, considerar cinco estrellas a este cinco estrellas. Más bien merecería la calificación de tres o cuatro. La construcción, en sí, es imponente y lujosa pero en otras cosas es donde se nota la falta de categoría. Por ejemplo, el pedido de una segunda llave de un cuarto es tema para el Departamento de Ingeniería del hotel porque la máquina que las activa —son tarjetas magnéticas— está programada para una sola por cuarto y no saben hacerla funcionar para dos llaves...

Las sábanas son ásperas, las almohadas malas y cada cuarto tiene un sistema por el cual, al entrar, uno debe insertar su llave magnética en un dispositivo que arranca el aire acondicionado. Es decir que cuando uno entra, el cuarto es un horno. Por supuesto que hay formas de dejarlo prendido; y fue una de las mucamas del mismo hotel la que nos enseñó la trampa. Doblando un cartoncito e introduciéndolo apropiadamente en la ranura, se activa el sistema.

En los restaurantes de los hoteles se nota la deficiencia en el servicio. En el Nacional de La Habana pedir un agua mineral es una diligencia de no menos de diez minutos. En más de una oportunidad, para juntarnos con la cuenta, tuvimos que ir a la caja nosotros e indicarles cómo hacerla. Si traían, por ejemplo, el café con leche faltaba la cuchara para revolver, si traían la cuchara faltaba el azúcar, y si traían ambas cosas seguramente traían té en lugar de café. Cuando ponían las mesas para el desayuno, por ejemplo, se les olvidaba siempre algo. Todos los huéspedes andaban revoloteando por el comedor a la caza de algún plato, vaso, servilleta o cubierto.

En los buffets, donde estaba el cartel de «jugo de naranja» indefectiblemente ponían el de piña, en el de piña el de manzana y así sucesivamente. En once días, en cinco hoteles diferentes, nunca coincidieron los jugos con su cartel. Miles de mozos andaban como dice el refrán argentino: «como bola sin manija» o «perdidos como Adán en el día de la madre». El Meliá de las Américas no era ciertamente una excepción.

En cuartos de doscientos dólares por día el uso de la caja fuerte requiere un pago adicional. Las comunicaciones internacionales son un robo a mano armada y pedir una toalla para la playa, como en el hotel de Cayo Coco, es un trámite burocrático inaudito, al que haré referencia luego.

Mientras esperábamos en el «lobby» a todo el grupo para ir a comer, conversamos con uno de los maleteros.

Cuando iniciaron la construcción de todos estos hoteles, les dijeron a sus futuros empleados que ganarían quinientos dólares por mes, por lo que la gente pensó que tocaba el cielo con las manos. El gobierno, al darse cuenta del botín que se perdía, cambió las reglas del juego y les impuso a los hoteleros extranjeros el siguiente mecanismo: el hotel en efecto pagaría $500 por mes por cada empleado medio, pero se lo pagaría a una oficina del Estado que a su vez le proveería los empleados necesarios. Conclusión, el Estado le paga entre cuatro y once dólares por mes al empleado y le cobra a la empresa los quinientos. Visto de otra manera, de un sueldo de quinientos dólares el Estado le hace al empleado una retención de cuatrocientos noventa y cuatro dólares.

Este hombre con el que hablamos ganaba cuatro dólares por mes, llevaba treinta y seis horas de turno sin poder dormir, sin cobrar horas extra, y sin protestar. Las propinas de los turistas valen la pena cualquier sacrificio.

Es inexplicable cómo este pueblo que, habiendo sido tan luchador, no se rebele contra semejante forma de explotación, contra tanta injusticia. Pero no tienen la culpa. El régimen los ha castrado. Están sometidos por generaciones. Irremediablemente.

Esa noche fuimos todos juntos a comer a un restaurante de comida criolla: El Aljibe. Nos acompañaron también Micho y sus hijos.

Comimos rico por primera vez en Cuba. A Mariana mi hija, desde esa noche, le gustan los frijoles. Por algo se empieza para adquirir cierta cubanidad...

El vino y la compañía agradable nos levantaron un poco el espíritu.

A la vuelta en el minibús, pusimos música cubana. Adelaida ha traído un cassette, con temas cubanos «clásicos». De repente empezó a sonar el famoso cha-cha-cha, «El Bodeguero» y Micho gritó:

—¡¡Ésa es mi canción!! ¡Mi cha-cha-cha!

Y en fila las mujeres del grupo nos pusimos a bailar el cha-cha-cha en el angostísimo pasillito de «la guagua», ante el asombro de nuestros hijos. Tuvimos que bailar un poquito encorvadas para no tragarnos el techo, pero ¡cómo nos reímos!

Al día siguiente, arrancamos nuestro recorrido por las playas con un sol brillante y un cielo limpio.

Dejamos a la juventud en la playa del viejo club Kawama. El color del mar no se podía creer.

Nosotros, primero queríamos ir nuevamente a ver nuestras casas.

En la casa de Tío Abel había albañiles. Mientras nosotros nos dábamos el primer baño de mar en nuestra playa, Pedro se puso a conversar con los obreros. Según le confiaron, estaban remodelando las casas. «Restaurando» es la palabra que les gusta. Pedro pregunta por qué rompen antes de tener el reemplazo de las ventanas, por ejemplo. Un obrero le dice que están esperando el material y que como no ha llegado, mientras tanto, rompen todo lo que haya que romper. Jamás se les ha ocurrido pensar que si sacan una ventana y el reemplazo tarda más de la cuenta, la lluvia o el viento lleno de salitre pueden ocasionar un deterioro irreparable.

La conversación derivó —Pedro la hizo derivar— hacia el tema que nos preocupa. La situación del pueblo. El hombre le cuenta, mientras Pedro le enseña a martillar algo, que acababa de conseguir este trabajo y que no sabe cuánto le van a pagar, ni cuántas horas tendrá que trabajar. Que se consideraba afortunado de tener trabajo y de ganar alrededor de trescientos pesos por mes. Es decir, quince dólares.

Cuando el hombre ya estaba conversando sin tapujos, apareció su jefe y dejó «aclarado» que allí se trabajaban solamente ocho horas por día...

El diálogo, obviamente, murió de inmediato.

Mientras disfrutábamos del mar, de nuestro mar azul caribe, mirando las casas, Mechy dio al desastre un enfoque optimista:

—Nos están arreglando las casas para nosotros. Las van a dejar como las otras que han arreglado, de lo más bien. Ya verás.

«No sé si ya veré, porque no sé si volveré a Varadero», pensé. Pero el buen sol y el mar delicioso nos devolvieron un poco el alma al cuerpo, y empezamos a disfrutar de Varadero con entusiasmo. Caminamos sacando fotos a todas las casas en el trayecto hasta Kawama. Allí habían quedado los chicos bañándose y también sacándose fotos. Micho se nos unió. Al rato de estar conversando Mechy, ella, Ali y yo, con el agua literalmente al cuello, apareció a lo lejos, caminando por la playa con un sombrero panamá y vestido de blanco de pies a cabeza, el marido de Micho quien hasta entonces había permanecido encerrado en el hotel, engripado. Micho riéndose y con su habitual sentido del humor dijo:

—¿Se acuerdan del «caballero de París»? Bueno, ahí lo tienen.

El caballero de París era un personaje famoso de La Habana cuyo nombre yo nunca más había oído mencionar. Pero su imagen volvió a mi mente en seguida: de barba larga y gris, vestido con una capa, deambulaba sin rumbo por las calles de La Habana. Era un loco inofensivo y pintoresco.

En Kawama nos íbamos sintiendo todavía mejor y de repente allí metidas en el agua, sentimos el olor a Varadero. Por fin lo sentíamos: mezcla de sol, sal, humedad y algas. Olor a mar.

La arena blanca, el agua transparente y turquesa eran un regalo del cielo y nosotros estábamos disfrutándolo.

Más tarde nos subimos al minibús y seguimos hasta el hotel Internacional. El viejo Internacional construido a principio de los '50.

Atravesamos el lobby, en bastante mal estado, y nos fuimos a la playa, donde volvimos al mar.

Esa parte de la playa es todavía mejor. La arena más blanca, la playa más ancha y más extensa la parte llana del mar. Una maravilla. Sin duda, la mejor playa de Varadero.

Les hacemos a los chicos toda clase de historias de la vida allí, de nuestros veraneos. Ali contó su anécdota preferida: una vez estaba esquiando, fuera de la estela, con nuestro tío Abel, y distraída, mientras miraba hacia el lado equivocado, embistió con su esquí, de punta y como torpedo, a un bote que estaba anclado a una boya. Ella le pasó por arriba, agarrada del manillar, pero el esquí se clavó en el casco del botecito ocasionándole un agujero que provocó, en breves instantes, su naufragio.

En este Internacional, como en el resto de Varadero, la ausencia de barcos y de lanchas es notoria. Claro está, un bote, una lancha o un barco, durarían lo que un merengue en la puerta de un colegio y en un abrir y cerrar de ojos estaría enfilando hacia las costas de Miami...

La playa del Internacional era una de las metas del esquí. Uno de los puntos que usábamos para señalar la distancia que nos proponíamos esquiar. Desde casa eran básicamente tres los lugares que tomábamos como referencia: la casa rosada, el Internacional, o Dupont.

Caminando nos encontramos con un vendedor ambulante de collares y pulseras de caracol.

Entablamos conversación. Todos los testimonios nos parecían pocos. Queríamos saber más.

El hombre estaba loco por hablar. Tuvimos que escuchar su larga trayectoria de penurias y de actividad ilegal hasta que logró conseguir una licencia de artesano que le permitía recorrer las playas de Varadero. Debía pagarle al Estado el equivalente a cien dólares por mes, lo que significaba para él tres semanas de trabajo. Lo que le quedaba de la cuarta semana constituía su ganancia, su sustento. En este caso el Estado le hacía una retención del setenta y cinco por ciento de sus ingresos, si no contamos con el costo de fabricación de las artesanías, que en este caso las hacía su propia familia.

Nos quedamos en el Internacional hasta las cinco de la tarde, hora en que volvimos al hotel para caminar por su playa.

Micho, Mechy, Ali y yo caminamos hasta casi la punta de la península que siempre creímos que terminaba en Dupont. Pero no era así. Nuestro hotel, situado todavía más allá de Dupont, tenía una playa lindísima y, a continuación, había todavía una caleta más con otra playita divina donde estaban construyendo otro hotel.

Durante nuestra caminata recordamos cosas, comparamos experiencias vividas en estos tres días. Algunas, ridículas. Micho, muerta de risa, comenta cuán grandes pueden ser las trampas que la memoria, o la falta de ella, puede tendernos. Cuenta cómo emocionada esa mañana, parada frente a una de las cabañas del Club Kawama filmó entre lágrimas donde había pasado su último verano en Varadero. Llena de emoción y nostalgia relató a sus hijos cosas referentes a la casa que tenían ante sí, sacó fotos y video. A los pocos segundos alguien del lugar le aclaró que esa casa estaba recién construida.

Todo aquel exacerbado sentimentalismo había quedado reducido a una situación bastante cómica y ridícula.

Pero nuestra conversación fluctuó de lo tragicómico a lo dramático de verdad.

Una vez más recordamos a nuestros padres y no sé por qué salió a relucir el tema de los últimos días en Cuba en 1960. Mechy recordó la valentía de su padre que sin previo aviso. frente a las cámaras de TV se despidió de Cuba explicando que los hermanos Mestre se veían obligados a dejar su tierra porque el gobierno de Castro había dejado de respetar la libertad de expresión, de trabajo y la propiedad privada; y que no volverían a Cuba hasta que esto cambiara. Dicen que durante ese inesperado discurso, a mi Tío Abel se le saltaron las lágrimas de los ojos, así como a miles de cubanos que lo estaban viendo a través de la pantalla.

Fue muy valiente de su parte. Esa misma noche se fue de Cuba, para siempre. Esto sucedió la noche siguiente a nuestra partida. El 30 de marzo de 1960.

Nos juntamos en el «lobby» del hotel a las ocho y media de la noche para ir caminando a comer a la antigua casa de Dupont que hoy es un restaurante. Inesperadamente Adelaida cantó junto al pianista del hotel y los huéspedes que allí pasaban aplaudieron con entusiasmo.

La comida en casa de Dupont fue agradable como reunión, como entorno. Comimos en el comedor principal de la casa, con su imponente «boiserie». La comida resultó pésima y carísima, pero se vio compensada por un trío musical que nos tocó cuanta canción le pedimos. Una vez más surgió «El Bodeguero» y allí no más, en fila, nuevamente todas las mujeres nos pusimos a bailar. Josefina fue la revelación. Le puso a su cha-cha-chá todo el «sabor», todo el énfasis y un gran entusiasmo. ¡Cómo nos reímos! Josefina y su total dominio del baile fue la gran sorpresa. Dejó bien sentado que ella sí tuvo la suerte de disfrutar en Cuba parte de su juventud, durante la época de oro del cha-cha-chá.

A la mañana siguiente, nos esperaba una larga travesía que nos obligaría a madrugar. Roberto mi marido combinó ir a Cayo Coco con Micho, Bill y sus hijos. Así se salvaba del madrugón, pero el precio era perderse Trinidad. Nosotros preferimos el sacrificio de alargar el viaje varias horas con tal de visitar esa pequeña ciudad declarada por la Unesco Patrimonio de la Humanidad.

Nos despedimos de Varadero casi a la madrugada.

Desde lejos, en la ruta, ya del otro lado de la laguna fijo la mirada en nuestras derruidas casas. Se van achicando hasta que ya no las distingo y el «nunca más» es una muda voz interior que se repite y retumba como un latigazo... Aunque quién sabe...

A pesar de todo partimos reconciliados con la belleza del lugar, gracias a un día de mar delicioso. Varadero no era un fraude en nuestra memoria. Es único. Fue único. No solamente por su belleza natural, sino por la vida que tuvimos la suerte —algunos más que otros— de disfrutar allí.

Creo que no querré volver a este lugar soñado, a menos que el régimen cambie. Es demasiado terrible lo que sucede afuera del entorno hotelero-turístico. En Cuba hay dos mundos. El del turista con dólares y el del pueblo.

DOS MUNDOS DE DIFERENCIAS

Se ha gestado una diferencia de clases mucho más cruel que ninguna conocida. No es sólo la supremacía de los dueños del poder, sino que los extranjeros vienen como invasores mostrando la riqueza a la cual el pueblo de Cuba nunca tendrá acceso. Es como revolver la herida. Como dice el refrán: «cruel como contar plata delante de los pobres». Es la ostentación de las diferencias llevada a la enésima potencia. Porque sumada a las diferencias económicas queda en evidencia la desigualdad de oportunidades. No hay esperanza. No hay «chance».

Enrique, nuestro chofer, debe trabajar un día de diez horas para comprar medio kilo de pan en las panaderías «de dólar» donde éste cuesta aproximadamente un dólar con veinte centavos el kilo.

Y se someten. La gente está entregada. Nada ni nadie parece capaz de encender el fuego interior de este pueblo. No se vislumbra ningún espíritu de lucha, de rebeldía. La disconformidad permanece adormecida y sólo superada por la necesidad de resolver diariamente las dificultades que ya se han hecho carne en cada uno de los habitantes de este país. Toda su energía, pues, se consume en solucionar el día a día. Ingenio no les falta, pero el ánimo no puede darles para más. Sobrevivir les insume todo el vigor y reduce a cenizas cualquier brío.

Y me pregunto, ¿Castro, qué ve de Cuba? ¿Tan grueso es el cristal que rodea su mundo, que no le deja ver lo que sucede del otro lado? ¿O lo ve y no le importa? No puede no verlo. El hambre de poder y la soberbia son más fuertes. Lo ve y no le importa.

Hay varias economías en Cuba: economía de «libreta de racionamiento», de «contrabando», y «de dólar».

La de la «libreta» es todo aquello que figura en ella y que se paga en pesos a un valor muy por debajo de los internacionales.

La de «contrabando», cuyo nombre, «contrabando», aquí no quiere decir que se trate de ingresos al país ilegalmente. Se llama así a la comercialización que se hace de los productos que debieran ser vendidos contra la libreta y que se venden a escondidas a cambio de un precio mayor, en pesos. El precio es casi siempre inferior a su equivalente en las «tiendas de dólares». Prácticamente todo lo que se compra con la libreta puede comprarse de «contrabando» en las mismas tiendas. Generalmente es mercadería robada al Estado o conseguida de múltiples maneras ilegales.

Por ejemplo, cuando se elabora el pan, el panadero puede hacer cada pan cinco gramos más pequeño de lo estipulado y con lo que sobra hace todos los panes que luego vende de «contrabando».

La economía «del dólar» es la que se desenvuelve en las «tiendas de dólar», a las que haré referencia más adelante.

—¿Y en qué consiste este atisbo de cuentapropismo del que se habla tanto? —le pregunto a Cheo, nuestro guía, que a continuación explica:

—Los pequeños productores, que tienen por ejemplo unas plantas de bananas, pueden vender su producción a través de un puesto en el mercado oficial, para lo cual deben inscribirse, pagar una matrícula y una mensualidad a modo de alquiler.

Cheo no lo dice, pero lo cierto es que también se vende mercadería o se canjea a espaldas del Estado. El que tiene cerdos se los cambia al que tiene pollos, el que tiene aguacates se los cambia al que tiene mangos y así indefinidamente. Podría decirse que el trueque constituye otra de las formas de comercio en Cuba. Es una forma más de esa economía de «contrabando» a la que hice referencia.

TRINIDAD
Martes 25 de marzo de 1997

Casi al amanecer partimos rumbo a Trinidad, pequeñísima ciudad, tesoro de la arquitectura colonial.

Parte de nuestro recorrido es por una asombrosa autopista donde casi no circula ningún auto. Fue hecha con el propósito de trasladar tropas y armamentos. No hay otra explicación, porque en Cuba no hay vehículos. Otra parte del trayecto lo hacemos por la carretera Central que atraviesa Cuba de este a oeste. Es vieja, angosta y está en muy mal estado.

Esta es la época de la zafra y tenemos la oportunidad de ver a los campesinos en los cañaverales. La maquinaria que utilizan da verdadera pena y resulta increíble que todavía hagan funcionar estos tractores que deben de tener cuarenta años de antigüedad y se caen a pedazos.

Gran parte de la cosecha se hace a mano. A machete, como antaño.

Atravesamos también naranjales extensos y un paisaje que tiene siempre el sello de Cuba: la palma real.

Hay muchas clases de palmas; entre otras, la «palma barrigona», «la palma abanico», «la palma real», «la palma enana», etcétera.

Pasamos por una escuela rural. Un pequeño conjunto de edificios con vidrios rotos, levantados en el medio del campo. Nos explican que los estudiantes rurales le dedican el cincuenta por ciento del tiempo a las clases y el otro cincuenta por ciento a trabajar el campo. Viven allí y solamente salen cada 11 días.

El viaje nos lleva al «Valle de San Luis» o el «valle de los ingenios» donde en otro tiempo hubo más de cuarenta centrales azucareros. Si Yumurí me parecía un paisaje lindo y cubano, este valle me sacó el aliento. Ni siquiera estaba todo lo verde que podía estar, ya que estábamos en la época de pocas lluvias. Así y todo, el panorama es descomunal... Las parcelas cultivadas, salpicadas de palmas y de bohíos y un magnífico telón de fondo: la sierra del Escambray y detrás, el mar Caribe.

Allí, en un mirador, donde a su vez funciona un pequeño parador, tenemos la dicha —como en cada rincón de Cuba— de encontrarnos con un trío de músicos que entona una canción; nada menos que «Guantanamera», perfecto acompañamiento para disfrutar de este paisaje maravilloso. Siempre que escucho esta canción pienso en mi padre, tan cubano como la Guantanamera, que además tenía un significado especial para él.

Supe luego que aquel paisaje —y todos los demás de Cuba—, conmovieron a mi hijo Robertito más que ninguna otra cosa de este país. Empezaba a establecerse un lazo fuerte entre Cuba y él.

Me dijo, un tiempo más tarde, que no hallaba ningún sentido a los viajes donde no se pudiera gozar de la naturaleza y sus paisajes. Lo había comprendido en Cuba, en el Valle de San Luis.

Trinidad, dice un folleto, «no es una joya solamente por su arquitectura colonial, sino porque es toda ella una ciudad que ha permanecido intacta desde la época de la Colonia».

Y es cierto: parece detenida en el tiempo con sus calles de adoquines de canto rodado, estrechas y desparejas. Sus rejas de hierro o de madera torneada; sus techos de tejas ondulados y vencidos por el correr del tiempo; sus paredes amarillas, celestes o rosadas, sus puertas altas y angostas de madera maciza que ostentan aldabones de bronce. Muchas de las puertas suelen permanecer permanentemente abiertas. Con sólo asomarse pueden apreciarse los pisos de viejas baldosas españolas dibujadas y un poco más allá, los patios internos llenos de plantas.

Hubo además allí, en el período de oro de los ingenios, una gran riqueza que puede apreciarse todavía en alguna de las magníficas casas. Alrededor de la plaza principal, se halla la iglesia de rigor y las construcciones más importantes. La parte central de la plaza está rodeada de una reja de hierro forjado y se encuentra elevada como tres escalones sobre el nivel de la calle. Conserva sus bancos antiguos y los jarrones de terracota esmaltada en las esquinas y en el centro. Resulta fácil imaginarse allí a los caballeros y a las damas de la época, paseando como era la costumbre, al atardecer, dándole vueltas en derredor.

Una de las casas principales está convertida en el Museo de Arte Decorativo. Los frisos en las paredes, pintados con flores, los muebles de caoba oscura y los adornos constituyen un conjunto extraordinario. Las ventanas coronadas por sus arcos de medio punto tienen una característica: en forma de abanico conforman una persiana donde las tablillas de madera puestas hacia un lado y hacia otro convergen en el centro del medio punto logrando un efecto singular.

En el interior de una de las viejas casonas nos llama la atención un altar con una imagen de una Virgen negra con su manto blanco. La dueña de casa, también de color —y vestida también de blanco—, está en el fondo del patio inmersa en un rito, mezcla de religión y santería.

Caminamos por el pueblo hacia el mercado de artesanías en otra plaza. Hay música por doquier en Trinidad. Un conjunto musical en cada cuadra y uno mejor que el otro. Finalmente, para tanto músico como hay en estas latitudes, ésta es una forma más de combatir la miseria. La música aquí, se lleva en la sangre. Razones aparte, visitar una ciudad como ésta, con música de fondo proveniente de una orquesta en cada esquina, crea un ambiente muy especial, de lo más alegre. Ver a la gente caminar a ritmo del son y contagiarse, es sin duda una fiesta para el ánimo.

En la feria artesanal nos acosaron los vendedores de manera, aunque reiterativa, cordial. Una artesana me insistió tanto que le dije:

—No he traído dinero, ¡¡¡ no puedo comprarte nada!!!

Con la chispa y rapidez tan característica de los cubanos, una voz de hombre replicó al instante :

—Ay... si yo no quiero que tú me compres nada; ¡yo sólo quiero que tú te me regales!

Debo decir que fue el piropo más simpático que he escuchado jamás.

Almorzamos en una casona donde una vez más una orquesta nos hizo compañía. El conjunto tenía hasta flauta travesera. Mechy y Pedro bailaron un poco. Me dieron ganas de ponerme a bailar como ellos.

Trinidad.
Adelaida, Mercedes, Carolina, y Mariana.

Mi hija Mariana en Trinidad, *marzo de 1997*.
Detrás de las rejas, un viejo y el Che.

CAYO COCO Y CUBA, HOY

Emprendimos el viaje hacia Cayo Coco. El recorrido sería: Sancti Spiritu, Jatibonico, Ciego de Ávila, Morón... Una vez más retomamos la carretera Central sembrada de bicicletas. El trayecto se hace largo y dificultoso. A cada rato debemos detenernos, o bien por los ciclistas, o por los carros tirados por caballos, muchos de los cuales ofician de transporte público. Los camiones, los tractores y hasta algunas vacas flacas que parecen escapadas de la India, entorpecen nuestra marcha.

Atravesamos muchos pueblos y nos sorprendieron, nuevamente, algunos monoblocks en el medio del campo. Anacrónicos, absurdos.

La reforma agraria nunca se concretó en Cuba y la tierra nunca se repartió entre los campesinos. Lo que sí se llevó a cabo fue la primera fase del proceso. El Gobierno se adueñó de las tierras y sacó a la gente del campo. Llevó a los campesinos al poblado más cercano donde los juntó, para poder ejercer sobre ellos todo el control necesario. Fue más fácil así obligar a los niños a ir al colegio donde ciertamente aprendieron a leer y a escribir, pero donde fundamentalmente se los adoctrinó en el marxismo. Se llevaba a los trabajadores desde el pueblo al campo todas las mañanas, y se los regresaba a la casa por la tarde. No poblaron sino que despoblaron el campo. Supongo yo, que esos edificios ridículos en medio del campo abierto, se hicieron con el afán de cumplir con esa primera etapa que acabo de mencionar. Agruparlos, para adoctrinar y controlar.

En el camino entre La Habana y Varadero hay miles de esos edificios construidos por los mismos individuos que luego los habitaron. Para tener derecho a una vivienda, el solicitante debía dedicar un par de años de su vida a construir el edificio. Por eso el interesado le ponía no sólo todo su empeño, sino también su total incompetencia para realizar el trabajo. Difícilmente un zapatero supiera hacer un revoque, un cocinero la mezcla del cemento o un ingeniero nuclear, un encofrado. Es por ello que el sentido del humor popular rebautizó estos edificios, llamados originalmente E1, E2, E3 con el nombre de Error 1, Error 2 y así sucesivamente.

Los edificios que se ven a los costados de la carretera Central son de la misma familia, sólo que no están en grupos como los otros, sino desguarnecidos y solitarios como espantapájaros, en el medio del campo. La mayoría de los vidrios de las ventanas están rotos y las paredes despintadas. Agonizan destartalados, arruinados y sórdidos.

Atardecía. Se hacía ya de noche cuando encaramos el tramo final hacia Cayo Coco: una carretera construida sobre el mar. No un puente sino un camino de treinta kilómetros de largo realizado piedra sobre piedra, conectando la tierra firme con los cayos. «Trabajo de preso» —pienso—, y más que una expresión debe ser exactamente eso.

En el trayecto final, Adelaida canta. ¡Cómo nos gustó a todos que cantara durante este viaje y cuánto disfrutó ella tenernos de audiencia!

Llegamos a Cayo Coco con los últimos rayos de sol. Nuestros arribos al atardecer no fueron durante este viaje demasiado alentadores ni exitosos. La habitual era pasar por abruptos altibajos: un día de pena y frustración seguido casi siempre por otro lleno de alegría y placer. Siguiendo con la tendencia, la tarde resultó deprimente: no nos gustó Cayo Coco. El hotel es todo un disparate. Edificaciones de 3 pisos queriendo ser una mezcla de estilo mejicano y mediterráneo. A poco de construido, ya está venido abajo. Hay, por ejemplo, mucha madera a la vista y la mezcla de escasez de barniz con la proximidad al mar han hecho lo suyo. Han querido simular un pueblito con plazas y todo lo demás pero el resultado no es muy bueno.

Está administrado —como todo en Cuba— por ineptos. Empleados que trabajan para un Estado ineficiente que no sabe entrenar, ni capacitar y no proporciona ninguna clase de incentivo.

La playa, a la que nos asomamos, no nos pareció extraordinaria. Ni siquiera el color del agua tan turquesa... con toda solemnidad —en ese instante— bautizamos a Cayo Coco como Cayo Caca.

El maletero repartió las valijas de cuarto en cuarto. El último fue el de los Bidondo. La misma pregunta se repitió dando luego pie a infinidad de conversaciones que todos tuvimos con la gente en Cuba.

«¿De dónde son ustedes?» La respuesta de Poli señalando que muchos en el grupo éramos cubanos y otros argentinos, fue, una vez más, el comienzo de una larga charla. El hombre contó que allí no iban cubanos que vivieran en el extranjero. El hecho de que hubiéramos contratado nuestra excursión en la Argentina explicaba el asunto. En voz apenas audible le advirtió que ya que había cubanos entre nosotros, nos cuidáramos de lo que dijéramos. Dio a entender que casi todos los empleados del hotel pertenecían a la «élite» del partido comunista y que prácticamente todos eran hijos y parientes de militares que los habían distinguido con el privilegio de poder trabajar allí.

En una de las placitas, entre las edificaciones del hotel, como si fuera una escultura, un cantero o una fuente, tan insólito como inesperado, había un carrito de hacer churros.

Nos abalanzamos a pedir churros cubanos que resultaron ser gratis para los huéspedes. Mientras Poli escuchaba al maletero en su cuarto, el churrero se enganchó en una conversación con Pedro.

Su historia era una más de tantas historias de frustración y encierro. Trató de huir tres veces. Cada uno de los intentos fracasó por diferentes motivos, que relató a Pedro con lujo de detalles. Una de las veces, cuando tuvo lugar el gran éxodo de Mariel[1], él y su familia llegaron a tener arreglada su partida.

Durante dicha emigración, el mecanismo que implementó el Gobierno para organizar la huida en masa de la gente, fue el siguiente: los barcos, lanchas y yachts debían esperar su turno en las costas de Mariel para recoger a los que querían irse. Las familias que habían solicitado permiso para partir, también aguardaban durante días el turno de la embarcación que los llevaría. Cuando llegaba el momento,

---

[1] Durante el llamado «Éxodo de Mariel» Castro autorizó a la población a irse. El número de personas que querían emigrar creció tan rápidamente (125.000) que el permiso duró solamente dos semanas.

la noche anterior a la partida, las autoridades llamaban a las personas anotadas. Cuando éstas confirmaban su intención de emigrar, se las llevaban. Las torturaban, les pegaban o las sometían a toda clase de vejaciones, según el antojo. Hechos una piltrafa humana, podían luego acceder a la libertad y se les permitía subirse a su barco. Cuando le tocó el turno al churrero y a su familia, se llenaron de pánico y negaron que se quisieran ir. Perdieron así una oportunidad más.

Este hombre trabajaba allí, en Cayo Coco, sin sueldo y exclusivamente por las propinas que quisieran darle los huéspedes del hotel. Creemos que fuimos generosos con el pobre hombre.

En Cayo Coco se respiraba un ambiente hostil. No se percibía allí la hospitalidad y la amabilidad características del cubano. Éramos los únicos cubanos exilados que habíamos pisado jamás Cayo Coco. Las reservas de Micho, además de todas las nuestras, las habíamos hecho en Buenos Aires pues la agencia de Estados Unidos le había dicho que, desde allí, era imposible.

Llegamos a la conclusión que Cayo Coco era una pantalla. Nuestra imaginación nos llevó hasta a suponer que allí podía haber una base secreta de misiles. Difícilmente lo sepamos jamás.

Meses después, en otra parte del mundo, nos llegaron otras dos versiones. Una de ellas señalaba a Cayo Coco como el lugar por donde entraba la droga en Cuba. La otra versión, es que sencillamente es el lugar preferido de Fidel y como tal, está más custodiado.

Roberto, mi marido, como expliqué antes, no había querido madrugar para ir a Trinidad y decidió ir a Cayo Coco con Micho y su familia que gentilmente le habían ofrecido un lugar en su auto. Llegaron a Cayo Coco ya entrada la noche, después de haber hecho —ellos también— un viaje interesante. Se detuvieron en el camino a ver las máquinas agrícolas que llamaron mucho la atención de Roberto. Resulta —para él— milagroso que logren hacer funcionar semejantes cascajos viejos y oxidados.

Conseguir nafta fue una experiencia más de esta Cuba insólita.

En uno de los tantos pueblos que atravesaron, se detuvieron en la estación de servicio. El empleado les dijo enfáticamente que allí no había ni una gota de gasolina. Obviamente para los cubanos la gasolina está racionada y los que milagrosamente poseen un auto, tienen derecho solamente a veinte litros por mes. Los turistas, supuestamente, pueden acceder a ella, libremente, si es que la consiguen. Roberto le insistió.

—Vamos, véndeme un poco de gasolina... Te la pago bien.

El empleado mandó a dos empleados de «campana» a cada uno de los lados de la ruta. Debían avisar si venía «la autoridad» porque para las arcas del Estado, no había más combustible. Pero... si había unos pesos extra...

Consiguieron así unos veinte litros a precio internacional, muy por encima del precio oficial. (Ejemplo de economía de «contrabando».)

Esa noche nos juntamos todos a comer, un poco desanimados. Éramos diecinueve incluyendo a los Spring, la familia de Micho. Bill Spring, su marido, fue otra sorpresa agradable de este viaje.

La constante de un día bueno después de uno no tan bueno, se repitió al día siguiente. Comprobamos que si bien la playa que habíamos visto la tarde anterior no era tan linda, se debía a que ese era su lado más angosto. Descubrimos que hacia el este, la playa era una belleza. Caminamos, nos deleitamos en ese mar tibio, turquesa y transparente. Como sucedía cada vez que visitábamos un lugar hasta entonces desconocido o totalmente ajeno a nuestra historia personal, nos sentíamos turistas. Los chicos alquilaron un jet ski, luego una «banana» y se rieron a más no poder. Algunos fueron en un barquito destartalado al arrecife de corales para bucear un rato.

Otros, a la mañana temprano, fueron a Cayo Guillermo y aseguraron que allí estaba la playa más linda de Cuba.

En el hotel nada funcionaba como debía. Para retirar las toallas de playa, en este supuesto 5 estrellas, había que sacar un cupón dejando un depósito de veinte dólares por toalla. Un horario para retirarla, otro para devolverla y luego, para recuperar el depósito, un procedimiento burocrático de antología.

Para acceder a la caja fuerte del cuarto también exigían un depósito absurdo. Un fax de un minuto a Buenos Aires me costó trece dólares.

La comida, que la teníamos incluida en nuestra tarifa, y que constaba de un buffet autoservicio, era un asco.

Después de un día de playa muy agradable y bastante reconciliador con Cayo Coco, nos juntamos algunos de nosotros a tomar unos «mojitos» en uno de los bares del hotel. Una vez más, con una orquesta deliciosa para acompañarnos en el atardecer.

Cheo estaba con nosotros y entre él y yo surgió el tema del embargo.

—No estoy a favor del embargo, Cheo. No conduce a nada.

Casi susurrando me dijo:

—No estoy tan seguro. Si levantaran el embargo tal vez este hombre se eternizaría en el poder.

Me sorprendió. Nunca pensé que un «cubano de Cuba» pudiera pensar como un «cubano de Miami».

Le expliqué mi teoría. Estoy convencida —hoy más que nunca—, después de haber estado en Cuba, de que el embargo le ha dado al pueblo un enemigo común que los ha unido. Nada sería más clarificador para los cubanos que tener la posibilidad de comprarle cualquier cosa a Estados Unidos; la falta de dinero les demostraría la imposibilidad de hacerlo. Quedaría en evidencia que es el fracaso de la economía castrista lo que ha sumido a la población entera en la miseria. Que el fracaso de este sistema económico impide generar el dinero necesario para acceder a todas las cosas que una economía de mercado genera.

—Yo sé que podríamos comprar más barato todo sin tener que triangular —me dice Cheo—, pero, lo dicho: Castro no se iría más.

—Pero Cheo, ¿no te das cuenta de que el embargo no lo ha hecho cambiar en nada?

—Es verdad, es verdad, pero... No estoy seguro.

—Cheo... ¿Nunca pensaste en irte?

—Pues no. Para mí lo más importante es mi familia y no la dejaría jamás.

Después de varios «mojitos» deliciosos nos fuimos a encontrar con el resto del grupo en el restaurante del hotel.

Nos cuenta Cheo que la primera noche habíamos traumado a los meseros. Causamos demasiado revuelo solicitando una mesa para diecinueve y pidieron que avisáramos con antelación si el segundo día íbamos a querer comer todos juntos. Por eso Cheo avisó esa mañana cuántos seríamos a las ocho y media de la noche, es decir con doce horas de anticipación. Como era de esperar, la mesa nunca estuvo lista y volvimos a enloquecer a los mozos reclamando cosas «descabelladas» como agua o servilletas.

Vimos a una europea que —con toda ingenuidad— le pidió permiso al empleado que estaba instalado en la puerta del restaurante para poder llevarse una banana a su cuarto. La tenía en un plato en la mano. Increíblemente el empleado le negó el permiso y le dijo con énfasis que no podía sacar fruta del comedor. La mujer insistió pero no hubo caso.

La última noche en Cayo Coco, durante la comida, conversamos mucho Josefina, Micho y yo.

El tema rondó, como siempre, alrededor de la situación en Cuba y de los estados de ánimo por los que íbamos atravesando.

¿Por qué el camino que tomó Castro debía ser la única alternativa? ¿Por qué se insiste en repetir y repetir que el comunismo era el único camino para proporcionarle al pueblo educación y salud? ¿Por qué destruir todo un sistema para proporcionar esas dos cosas? Absurdo.

¿No hubiera sido suficiente revolución tener un gobierno democrático, leyes sociales para darle a la gente la debida atención médica y reforzar el presupuesto de educación acompañándolo con leyes que obligaran a la gente a mandar a sus hijos al colegio, como ocurre en cualquier país capitalista?

¿Por qué hablar de una u otra alternativa como si las opciones sólo hubieran sido dos? En países ajenos a Cuba, como la Argentina, escuchamos incesantemente que la medicina y la educación llegaron a Cuba de la mano de la Revolución. Pero insisto, partiendo de la base de que ello fuera totalmente cierto —que no lo es—, ¿era éste el único camino?

Hablamos de nuestra indignación con lo que este hombre le está haciendo al pueblo de Cuba. Lo está ahorcando porque para todo se requieren dólares y el Gobierno paga en pesos.

Diabólica manera encontró el Estado de captar todos los dólares que andaban circulando por ahí, en el mercado negro. Tan astuto como cruel, implementó lo siguiente: legalizó la tenencia de dólares e instauró al mismo tiempo las tiendas con todo lo que el consumidor medio necesita, con una única forma de pago: dólares. Pero ¿qué hizo con los salarios? Los siguió pagando en pesos y redujo, además, la lista de insumos que figura en las libretas de racionamiento. Por ejemplo, ya no hay libreta de racionamiento para ropa. Es decir, que lo que el ciudadano común puede pagar con pesos es, en la práctica, solamente lo que figura en su libreta. Todo lo demás es en dólares. La consigna implícita sería pues: «Pueden tener dólares, van a pagar con dólares, pero consíganselos como puedan». Pero, ¿de dónde sacar los dólares? Pues se roba. Se «resuelve». Le roban al Estado como pueden. Si están en contacto con el turismo es más fácil. Si se está a cargo de un comercio se roba mercadería y se la comercializa en dólares. Hay infinitas maneras. Y las mujeres, en la desesperación, se dedican, por ejemplo, a la prostitución entre los turistas. Y la cadena de corrupción comienza desde el portero del hotel que deja entrar a la prostituta por uno o dos dólares, la deja un par de horas y si no «engancha», le vuelve a cobrar. Si consigue un cliente entonces le debe pagar treinta dólares. El control es bastante sencillo, pues en el ascensor hay un hombre de acuerdo con el portero para vigilar el correcto desenvolvimiento del «negocio».

Los insumos vendidos en dólares tienen un valor internacional. Pero en Cuba, el salario fluctúa entre cuatro y quince dólares mensuales. ¿Esto es justicia social? Hasta para acceder a algunos hospitales exigen pasaporte y, además, el pago solamente en dólares.

Al obrero se lo explota miserablemente. No tiene horas fijas de trabajo, no cobra horas extra. Lo despiden o lo cambian de trabajo sin derecho a ningún reclamo.

Los hombres se retiran a los sesenta años y las mujeres a los cincuenta y cinco. Cobran el cincuenta por ciento del promedio de los cinco años del salario más alto que hayan cobrado. Por cada año que trabajen por encima de la edad mínima para jubilarse se le agrega el uno por ciento más. Pero la jubilación máxima no suele llegar a más de cien pesos cubanos, es decir, cinco dólares por mes.

Independientemente de todo esto, nuestra indignación compartida pasa también por otro lado. Ningún castigo puede compensar al pueblo de Cuba, o a nosotros los exiliados, el habernos privado de compartir nuestras vidas con nuestros amigos, parientes y compatriotas. El exilio nos ha diseminado por el mundo. Para los que están en Cuba, esto ha sido un muro de Berlín que en lugar de ladrillos tiene 90 millas de mar. Ha dividido a millones de familias. A un pueblo entero. No hay quien no tenga un hermano, un padre, un primo o un tío fuera de Cuba. Tanto es así, que el segundo ingreso per capita en Cuba es la plata que los parientes mandan del exterior. Pero este es un ingreso que disminuye día a día. Las nuevas generaciones ya no piensan en sus parientes de Cuba. Van dejando de mandar dinero, a medida que sus mayores, los que se fueron, se van muriendo.

Nada en el mundo puede compensar el destierro. No hay condena a la altura de lo que este hombre diabólico ha causado. Nosotros mismas, que estábamos compartiendo alrededor de una mesa esta conversación, hemos sido privadas de compartir nuestras vivencias para siempre. El exilio nos ha obligado a vivir lejos, a perder contacto, a no poder criar nuestros hijos con sus primos, con sus tíos. Y a nosotras nos ha privado de la amistad. Y nuestro caso no ha sido de los peores. Ha habido y hay, ¡tantos padres separados de sus hijos, tantos hermanos, tantos novios!... Eso en cuanto a vínculos rotos, pero y ¿perder el país? ¿Obligar a un ser humano a ser para siempre un extranjero, a negarle el derecho de vivir y de morir en su tierra, por el sólo hecho de reclamar la libertad? No hay perdón. Pero tampoco hay castigo que alcance. Es demasiado duro. Demasiado irreversible el daño.

Nos fuimos de Cayo Coco hacia Santiago de Cuba, muy temprano por la mañana del día siguiente. Atravesamos nuevamente el mar por esa increíble carretera que conecta los cayos. A mitad del trayecto, a un lado del camino, vemos una bandada rosada de flamencos. Bill Spring, esa madrugada, ha ido a observar pájaros salvajes con largavista y ha quedado maravillado con la formidable reserva de aves exóticas que tiene Cayo Coco.

Una vez más, el viaje resulta largo, dificultoso. Casi todo por la carretera Central sorteando nuevamente más tractores, bicicletas y los carros de tracción a sangre con capacidad para transportar a cinco o seis pasajeros por vez.

Tuvimos tiempo para hablar más con Cheo, con quien el diálogo es casi totalmente franco y abierto.

SALUD Y LIBRETA DE RACIONAMIENTO

Cheo, cuéntanos como es el sistema de salud —le dijimos.

—El sistema de salud funciona así: hay un médico «de familia» cada 400 personas de un mismo vecindario. Atiende su consultorio con una enfermera y según lo que el paciente padezca, lo deriva al especialista. Ese tipo de médico gana alrededor de trescientos o cuatrocientos pesos cubanos. Es decir quince dólares al mes y no puede trabajar de ninguna otra cosa porque el concepto es que debe devolverle al Estado todo lo que éste pagó por su educación. En la misma situación están los maestros.

En la Argentina han cobrado inusitada fama las clínicas cubanas de rehabilitación. Este ha sido otro proyecto del gobierno como medio generador de divisas. «Turismo hospitalario.»

La explicación es sencilla. En Cuba un médico cobra como máximo entre once y quince dólares por mes. El enfermo que necesita rehabilitación y ejercitación, dispone de varios especialistas dedicados enteramente a él por una cifra ínfima.

Las clínicas para extranjeros no pueden atender a cubanos y el enfermo, para ser atendido, además de tener que presentar un pasaporte debe efectuar el pago únicamente con dólares billete.

El problema del Sida (supe después hablando con un médico uruguayo que fue a hacer un trabajo de oncología con cinco médicos cubanos) lo tienen «bien resuelto». Tienen a todos los sidosos confinados en una colonia, aislados de la sociedad, al estilo de los viejos leprosarios.

Este médico uruguayo, durante su estadía de ocho días en La Habana, no logró que le mostraran el hospital. Cada día le presentaron

una excusa diferente. Así y todo, pudo palpar de cerca el mito de la medicina cubana. No hay placas para radiografías, no hay suficiente anestesia, no hay suturas adecuadas. Muchas veces hasta falta el alcohol. La escasez no es una excepción en lo que se refiere a la salud.
En cuanto a los colegios, hay muchos. Las clases, dice nuestro guía, son de aproximadamente veinte niños. Si se quiere, uno puede elegir el colegio, pero la lógica y la falta de transporte casi impone asistir al más próximo a la casa.

—Y la libreta de racionamiento, Cheo, ¿es por persona o por familia?, ¿alcanza?

—Pues lo que da la libreta para un mes alcanza para una semana o diez días máximo. La libreta es por familia. Para los adultos por ejemplo, no hay leche, así que si hay algún enfermo, y el médico considera que necesita leche, entonces le da una orden especial para que en la libreta se la incluya. Si tiene problemas de presión se le aumenta la porción de verduras. Cada familia, junto con la libreta, tiene asignadas las tiendas donde debe utilizarla. Es decir, los comercios tienen una lista de su clientela fija. La ración no es acumulativa. El día que no se va a buscar, por ejemplo, el pan —un pan pequeño por persona por día—, se pierde la ración. Si la carne llegó un día y uno no va antes de que se acabe, se la pierde. Los productos que escasean generalmente no se repiten en el mes. La variedad de productos que se ofrecen en la libreta no es fija. Figuran algunos productos que no llegan nunca; por el hecho de estar especificado en la libreta no significa que el Estado deba proveerlo obligatoriamente. Si llega bien, y si no también.

La lista, pues, es la siguiente:

Pan:	80 gramos por día.
Arroz:	6 libras al mes.
Frijoles:	4 libras al mes.
Azúcar:	5 libras al mes.
Jabón:	1 pastilla de jabón de tocador por persona por mes, 1 jabón de lavar por persona por mes.
Aceite:	1/2 libra por persona por mes.

Leche:	Solamente para los niños.
Huevos:	6 por persona por mes.
Papa:	2 libras por persona (cuando llega) por mes.
Boniato:	2 libras por persona por mes.
Harina:	2 libras por persona por mes.
Café:	2 onzas por mes por persona.
Pollo:	1/4 por persona por mes.
Pescado:	3 o 4 libras por persona por mes.
Nafta:	20 litros por mes por auto.

Pastas cuando hay, carne cuando hay, etcétera

—¿Y si quieres comprar, por ejemplo, más pan?
—Pues le puedes pedir al que te vende siempre, que te venda un poco de «contrabando». O puedes ir a las panaderías de dólares. Allí el precio es un equivalente a un dólar y veinte centavos el kilo. Valores internacionales...

No hay fruta en Cuba, ni para los turistas, salvo bananas y cítricos. Nunca vimos en los hoteles ni mamey, ni chirimoya, ni frutabomba, ni mango, ni mamoncillo, ni guayaba, ni anón, ni ninguna de las frutas comunes que soñábamos con volver a comer.

Los artículos que más escasean son el jabón y la mantequilla.

Con respecto al jabón fuimos testigos de la mucha falta que hace por la forma en que la gente nos acosaba por la calle mendigándolo: —«un jaboncito por favor»— era el pedido más frecuente.

La gente, sin embargo, se ve limpia. Nadie tiene mal olor a pesar de la falta de desodorante. Tiempo después supimos que se las ingenian para fabricar desodorante casero. Pétalos de flor machacados y macerados en ron.

Todos los días sacábamos del hotel los jabones, los frascos con shampoo y las cremas y se los dábamos a la gente. Iniciativa ésta, más que nada, de los jóvenes del grupo.

Los panes y pastelitos del desayuno, las mermeladas —todo lo que podíamos— se juntaba en las bolsas de nylon que suelen poner en los cuartos para mandar la ropa sucia a la tintorería del hotel. La gente, agradecida hasta un punto que es difícil de describir.

Dondequiera que se detenía el ómnibus nos acosaban los pedigüeños. Partía el corazón. Nunca nos acostumbramos, sino todo lo contrario. A medida que avanzaba nuestro viaje más pena nos daban los contrastes. Cuanto mejor el hotel, peor nos sentíamos.

Con Cheo y Enrique habíamos tocado casi todos los temas. De viajes ya habíamos hablado. Havanatur le había dado la oportunidad a Cheo de viajar a México una sola vez, y gracias a un concurso que ganó. Eso es todo lo que conoce.

—¿Y si quieres ir de viaje? —pregunté.

—Difícil. Un pasaporte cuesta ciento cincuenta dólares. La visa otros cincuenta o sesenta dólares. Alguien del exterior debe mandar una carta solicitando nuestra salida. El sellado y aprobación de esa carta cuesta otros cincuenta dólares. ¿Y el pasaje? ¿Cómo hacemos para pagar trescientos o cuatrocientos dólares ganando entre once y quince dólares por mes? Imposible. Nunca podríamos juntar ese dinero.

Hicimos un alto en el camino. Paramos en una gasolinera de una cadena italiana. Fue tal vez el problema logístico más grande que el empleado tuvo que enfrentar a lo largo de toda su trayectoria como encargado del bar de la gasolinera. Solicitamos quince sandwiches de lo que hubiera, y el hombre casi muere de agotamiento. Demoró una eternidad en prepararlos utilizando un solo ingrediente aparte del pan: «spam» —una especie de jamón de lata—. Mientras los hacía, Pedro Bonachea y Mariana mi hija, se fueron a caminar y se metieron en una panadería de libreta. Pedro dejó su video filmadora encendida sin que se dieran cuenta. La panadera en seguida les ofreció venderles pan, «de contrabando», claro está.

El trayecto a Santiago se hizo largo. Pero conversamos mucho con Cheo y con Enrique.

—Cheo, dime, está a la vista que el sistema no funciona, pero ¿y a Fidel? ¿Lo quieren?

—Sí, lo admiramos. Nadie se levanta en su contra porque nadie tiene el valor que él tuvo cuando el Cuartel Moncada, cuando la Sierra Maestra. A quienes lo critican yo les digo, haz lo mismo que él, levántate, enfréntalo... Durante la última crisis de los balseros, se empezó a juntar gente que protestaba en el Malecón y la protesta amenazó en convertirse en un «Tiananmen»[2]. ¿Sabes qué hizo este hombre? ¡Se fue caminando, caminando hasta el Malecón a hablarle a la gente! ¿Y sabes qué? Se disolvió el gentío en un instante. Le habló a la gente y la calmó. ¿Cuántos gobernantes hubieran tenido el valor de hacer lo mismo?

—¿Me quieres decir que lo admiran y lo quieren porque es un «macho»? ¿Porque es valiente?

—Bueno, hay algo de eso...

—Mira Cheo, si fuera valiente de verdad, y estuviera tan convencido del apoyo popular, llamaría a elecciones y le taparía la boca al mundo entero. Se acabarían los bloqueos económicos y los embargos. Se terminarían los problemas... Pero ¿sabes por qué no lo hace? No lo hace porque se muere de miedo de perder el poder. No es ningún macho ni ningún valiente. Es un cobarde y un codicioso.

—No sé... puede ser, puede ser... —me contesta Cheo.

Pasamos por decenas de pueblos. Vemos jaulas de ganado, convertidas en transporte público, donde la gente viaja toda parada y apretada. Mechy los compara con los transportes de judíos a los campos de concentración, y tiene razón. También vemos muchísimos más carritos tirados por caballos con capacidad para unos pocos pasajeros. Y vemos los pueblos, miserables y tristes.

Durante este trayecto es cuando observamos una mayor cantidad de leyendas en la vía pública.

En Cuba no hay carteles comerciales. Hay sólo leyendas con mensajes políticos.

Algunos son dramáticos, otros violentos. Otros resultan una ironía tal como:

«Pasión por la eficiencia.»

«Eficiencia a tiempo y todo el tiempo en la jornada laboral.»

Otros como:

«Nada nos detendrá.»

---

[2] Masacre de la multitud que protestó en la plaza de Tiananmen, China (1989).

«Somos genuinos.»
«En nosotros está la victoria.»
«La vigilancia es cuestión de constancia.»
«Si alguien gana que sea la Revolución.»
«Hacer suelo es hacer patria.»
«Aquí no se rinde nadie.»
«Tendremos lo que seamos capaces de producir.»
«Las revoluciones no se asustan ni se exterminan.»
«En Cuba no habrá gobierno de transición.»
«Tenemos y tendremos socialismo.»
«Grandes causas requieren grandes sacrificios.»
«Como en Girón, patria o muerte.»
«Más vale vivir de pie que vivir arrodillado.»
«Guerra a los enemigos de afuera y de adentro.»
«Repudiamos la ley Helms-Burton.»
«Cuba sí, yanquis no.»
«Abajo el bloqueo yanqui.»
«Alzar la frente es mucho más hermoso que bajarla.»

Otros pocos con cierto sentido del humor :
«A ver... ¿cómo se pronuncia? Berton, Burton o Borton...
—No hombre, se dice Helms-Brutón».

Frente a la Embajada de Estados Unidos, que obviamente tiene otro nombre: «Oficina de Intereses de Estados Unidos», hay un cartel con un dibujo de un personaje riendo que dice:

«Señores imperialistas, no les tenemos absolutamente ningún miedo».

A lo largo del camino vemos antenas especiales que, según explicó Cheo, son para interceptar T.V. Martí. Rompen el sincronismo de la transmisión.

SANTIAGO, PRIMERA CIUDAD CAPITAL DE CUBA

A medida que nos vamos acercando a Santiago, notamos la oscuridad terrible. La ciudad está sumida en una penumbra total. La crisis energética aquí es más evidente que en ningún otro lado.

Llegamos pasadas las ocho de la noche al hotel Casagranda, recientemente remodelado, al lado de la Catedral, también restaurada. Ambos edificios, situados en la plaza central de esta ciudad que fue capital de Cuba durante muchísimos años.

Adelaida, Josefina, Pedro y Mechy dejaron sus valijas y se fueron corriendo a saludar a la tía de Mechy, Silvia. La misma que doce años atrás fuimos a ver con mamá y cuya visita tanto impresionó a Roberto, mi marido.

Silvia había hablado con Mechy varias veces antes de iniciado este viaje. Traían para ella varias valijas llenas de pedidos. Una radio, un teléfono inalámbrico, ropa y un montón de cosas más. Además de algo de dinero en efectivo.

Silvia prácticamente no sale. Camina yendo y viniendo a lo largo del pasillo de su casa. Pero no sale. Igual que la media hermana de Pedro en Palmira.

Volvieron al hotel Casagranda un par de horas después. Venían tristes, conmovidos. Adelaida estaba demudada. Silvia le había regalado, además de viejas fotos de su padre, un par de discos de pasta con la grabación de un concierto de piano ejecutado cuando tenía pocos años.

Habían visto con sus propios ojos la realidad de Silvia. Sabíamos cómo se sentían. Años atrás habíamos pasado por lo mismo.

Al día siguiente, 27 de marzo, se cumplían 37 años de nuestra partida hacia el exilio.

Poli amaneció antes que el resto de nosotros y salió a caminar por las calles de Santiago. Llevaba consigo algunos pastelitos del desayuno y alguna fruta. Se le acercó un niñito pidiéndole limosna. Poli le dio la bolsa con todo lo que traía. El niño salió corriendo.

Al rato, Poli vio a otro niño que venía hacía él a toda carrera para alcanzarlo. Cuando finalmente llegó hasta él, jadeando le dijo:

—¡¡Señor, señor!! Quiero darle las gracias por lo que le dio a mi hermano. Nos hacía falta comer.

Esa misma mañana partimos todos temprano hacia el Cobre. Al Santuario de la Virgen de la Caridad del Cobre, patrona de Cuba. Cada vez que mencionábamos el nombre, venía a nuestra mente la letra de la canción que cantamos varias veces en el transcurso del viaje...

«Y si vas al Cobre, quiero que me traigas, una virgencita de la Caridad. Yo no quiero estampas, yo no quiero flores, lo que quiero es Virgen de la Ca-ri-dad...».

Y bien, íbamos al famoso santuario del Cobre.

La vista de la Basílica, desde lejos, con las montañas altas como telón de fondo es más linda de lo que me esperaba. Paramos en la ruta para tomar unas buenas fotos y se nos vienen como moscas a la miel los vendedores de estampitas, piedritas, flores... Nos acosan, nos atosigan, nos tocan, nos quieren acorralar. Una locura. Cometemos el error de sacar unos pesos para comprarles piedritas, momento en el cual se convierten en una jauría de perros hambrientos, desesperados. Tenemos que sacárnoslos de encima a los gritos y nos subimos raudos al ómnibus logrando trancar la puerta y las ventanas a tiempo.

Dice la tradición, mezcla de brujería y santería, que llevar una piedrita proveniente de las minas de cobre trae buena suerte. Todos los santiagueros tienen una o dos piedritas. Dos para mayor seguridad; una en el bolsillo y la otra en la mesita de noche. Desde entonces llevo en mi monedero una de esas piedritas que casi nos cuestan un disgusto.

La otra, la tenemos también todos los miembros de la familia en la mesita de noche...

Visitamos el santuario, le rezamos a la Virgen y nos volvimos al centro de la ciudad.

No lográbamos dar con la droguería Mestre y Espinosa. Ali tenía una dirección, Mechy otra, todas con los antiguos nombres de las calles. La solución era pues parar por la calle a algún señor mayor con la esperanza que éste recordara los viejos nombres.

Tuvimos suerte. Tan así, que el hombre que se subió al ómnibus y se convirtió en nuestro guía por un buen rato, nos dirigió hasta la droguería donde nos bajamos todos.

Doce años atrás el estado de este edificio era otro. Situado frente al puerto de Santiago ha tenido más sol y más aire de mar de lo que han podido aguantar la pintura y el revoque. El edificio está muy mal. Destruido.

A diferencia de nuestra visita anterior 12 años atrás, no hay nadie en la recepción, por lo que subimos las escaleras sin pedir permiso. Nos asomamos al salón principal y allí vemos, en varios grupos, gente alrededor de los escritorios, conversando. Algunos apoyados en los escritorios, otros recostados. Hay poca luz. En otro extremo, una morena se maquilla con todo cuidado. Se mira en un espejo que tiene apoyado en la tapa del escritorio. Apenas se inmuta cuando nos ve y continúa con su tarea. Los armarios lucen destartalados, atiborrados de biblioratos polvorientos. A la vista, no hay ni una máquina de escribir, ni un teléfono. Ni un atisbo de trabajo a medio hacer. Allí nadie está haciendo nada porque probablemente no hay nada que hacer. Pedimos permiso para entrar.

Una señorita se levanta presurosa y se va seguramente a consultarle a quién sabe quién, pero la respuesta es una negativa.

—El jefe no está, así que no puedo dejarlos pasar.

Nos quedamos sin ver la sección donde funcionaba el depósito y donde se hacía la distribución de la mercadería para toda la provincia. Nos vamos.

Visitamos luego una fábrica de tabacos muy cerca de allí. Y esta sí fue una experiencia divertida. Contribuimos nuevamente a que algún otro ciudadano más le robara al Estado. Lo cual, y valga la distorsión, a esta altura de nuestro viaje, nos hacía sentir de lo más bien. «El que roba a un ladrón tiene cien años de perdón», reza el refrán; y así nos lo tomamos.

A la izquierda de la entrada había un negocio donde uno podía entrar a comprar parte de la producción de la tabaquería. Una señorita, al costado de esa entrada, permitía el acceso a un salón que se hallaba a continuación, sin ningún tipo de división o puerta. Allí trabajaban las armadoras de tabacos en unas mesas puestas en fila, como si fueran pupitres de una clase. Podíamos acercarnos a verlas trabajar. En seguida establecimos un diálogo con la que controlaba la puerta:

—¿Cuánto valen los tabacos?

Y en voz baja nos dijo:

—Mira, si los compras en la tienda te cuestan los tres tabacos cuatro dólares. Yo te los vendo por tres dólares pero no aquí, que me puede ver el jefe.

—Bueno. Queremos comprarte tres paquetes. ¿Cómo hacemos?

—Váyanse para el ómnibus que yo ya voy —dijo.

Atrás de nosotros vino la muchacha, que tenía una cartera riñonera en la cintura. Traía los tabacos allí. Nos los dio y le pagamos. Antes de bajarse del ómnibus dijo:

—Denme un vaso vacío como si me hubieran convidado a tomar Coca-Cola.

—¿Para qué? —preguntó alguno de nuestro grupo.

—Porque al salir, el jefe me preguntó adónde iba y yo le dije que ustedes me iban a convidar con una bebida, que por eso me iba al ómnibus.

Le dimos el vaso de cartón vacío y bajó, inclinándolo, haciéndose como que tomaba el último traguito.

Nuestro improvisado guía nos llevó por el mejor camino para ver la vista de la bahía de Santiago, rumbo al viejo fuerte construido en época de la Colonia.

El día era espléndido, lleno de sol y con una temperatura agradable. Recorrimos el fuerte y observamos la vista de la bahía desde diferentes ángulos. Es linda, pero las chimeneas de las usinas y las fábricas que han dejado construir a su alrededor arruinan el paisaje. La bahía nos parece mucho más bonita que cuando la vimos por primera vez en nuestro viaje de 1984.

EL CANEY, SANTA EFIGENIA Y SILVIA

Nos dirigimos hacia El Caney a buscar a Juan Castellanos.

Un día, en Miami, mi primo Oscar Mestre supo que el bohío del Caney —única construcción de una pequeña finca que tenían mis abuelos— estaba habitado por un señor Castellanos, antiguo jardinero del Country Club de Santiago. No sé como había conseguido establecer contacto con mi primo, a quien le había hecho saber que cuidaba bien del bohío y que, por ejemplo, la luz todavía venía a nombre de Mestre.

Precisamente en el bohío, mis padres pasaron su noche de bodas en 1940.

Castellanos tenía a su vez tres hijos, todos músicos que acababan de lograr salir de Cuba y también habían establecido contacto con Oscar Mestre. Luego supimos que los hermanos Castellanos estaban triunfando en Miami. Decidimos ir en busca de Juan Castellanos y llevarle los saludos de Oscar Mestre como excusa para ver el «bohío».

Llegando al pueblo del Caney, repitiendo la táctica que habíamos usado para encontrar la droguería, le dijimos a Cheo:

—Pregúntale a ese hombre viejo que está allí si conoce a Juan Castellanos.

Cheo bajó del ómnibus y fue a preguntarle.

El anciano le contestó:

—¡Cómo no! Mire, está abajo de ese árbol jugando al dominó.

Cheo fue a buscarlo. Le explicó que en el minibús había un montón de Mestres que lo querían saludar. El hombre debió quedar azorado por los próximos veinte años.

Lo seguimos al bohío. Todo lo que rodea a esta humildísima construcción de madera y techo de guano no es ya una finca sino una «villa miseria»[3]. La casa de los Castellanos está en ruinas. A la entrada, entre trastos viejos, tirado en el piso, hay un gato raquítico muerto.

Conversamos con su mujer y con él. Es el testimonio más duro y conmovedor de nuestro viaje. Hacen explícita referencia a las penurias, el control, y al peor de los castigos que ha infligido el régimen al pueblo de Cuba: la separación de las familias. La señora de Castellanos nos muestra el álbum de fotos de sus hijos cantantes, y llorando nos dice cuánto ama a Cuba, y lo injusto que es tener que vivir separada de sus seres más queridos. Sin embargo, mantiene viva la esperanza de que éstos triunfen en Miami y los manden a buscar.

Nos señalaron en voz baja que los espían permanentemente, más aún desde que sus hijos lograron emigrar.

Una lección para nuestros hijos. La evidencia más cruel, quizás, de la situación del pueblo cubano.

Les dejamos todos los jabones y mermeladas que traíamos en el ómnibus y, a riesgo de que se ofendieran, les dimos unos dólares.

Fuimos después al cementerio de Santa Efigenia.

Mechy quería ir a la tumba de sus abuelos maternos. Una negra intentó cobrarnos en la puerta y Mechy se dio el gusto de rebelarse contra el sistema.

Le dijo:

—Óigame bien: de ninguna manera le voy a pagar yo a usted. Aquí están enterrados mis abuelos y vengo a visitar sus tumbas. Todos nosotros somos miembros de la misma familia y ninguno le va a pagar ningún derecho de admisión.

La mujer, como decimos en la Argentina, «metió violín en bolsa» y no abrió más la boca. Entramos provocadoramente despacio por delante de sus narices.

---

[3] Barrio de emergencia con viviendas precarias. En Cuba : «llega y pon», en idioma inglés: «slum».

Mechy sintió ese instante como su momento de gloria. Le había ganado una al sistema.

No pudimos encontrar las tumbas y, una vez, más no figuraban en los registros. Caminamos un rato por el cementerio tratando de encontrarlas, pero sin éxito. El cementerio estaba bien pero no tan bien tenido como en 1984.

Almorzamos en una de las casas de Vista Alegre, «La Maison de Santiago». Las casas de este barrio son una más linda que la otra. Una más importante que la otra. El almuerzo fue malo y largo. Con el habitual servicio deficiente de todos los restaurantes del Estado.

Se nos unieron para el café Carlos, el hijo de Silvia, y su mujer María. Ambos nos dieron un panorama de cómo se desarrollan sus vidas. Él es ingeniero en telecomunicaciones, trabaja para una empresa mixta, italiana y estatal. Gana muy bien: veinte dólares al mes. La empresa lo lleva y lo trae del trabajo. Ella es guía turística en la catedral. Viaja durante cuarenta minutos todos los días en transporte público del estilo de los que hemos visto: camiones jaula, la mayoría. El recorrido en auto no llevaría más de 15 minutos. Se lleva su almuerzo. Jamás un sandwich ya que el pan es un artículo de superlujo en Cuba. Cuando regresa del trabajo siempre está inquieta con lo que las circunstancias le pueden deparar. Los cortes de luz son de lo más frecuentes, con lo cual se quedan sin agua y además no pueden cocinar porque las cocinas son eléctricas. Siempre tiene carbón por si acaso. Su madre, con quien viven, por suerte la ayuda a hacer las colas para conseguir los alimentos. Cada familia debe tener por lo menos un miembro que no trabaje o una persona que le haga todas las colas para poder obtener la comida del día. Pero nunca se sabe qué se va a poder cocinar, qué es lo que se consiguió. Todas son dificultades.

Han perdido toda esperanza de que la situación cambie o mejore.

Nos contaron que, aunque contaran con los dólares necesarios, no tienen permitida la entrada a los hoteles ni a los mismos restaurantes a los que tienen acceso los turistas.

No van al cine, no se reúnen con amigos. La vida se reduce a sortear los contratiempos para llevar adelante una casa.

Nos cuentan que, para Silvia, esta visita nuestra ha sido tema de preocupación y al mismo tiempo de interés desde hace un mes. La ha obligado a salir de su cama donde pasa la mayor parte del día. Para mejorar el aspecto general de la casa, entre todos consiguieron una lata de pintura con la que blanquearon un poco las puertas y los marcos de la fachada. Se pasaron días lavando todos los mármoles del frente de ese derrumbado palacete francés. Han querido, ante todo, dar una impresión digna.

Nos despedimos de ellos con la promesa de pasar por allí para hacerles la visita aproximadamente una hora después.

Pasamos antes por la casa de mis abuelos, que tal como comprobáramos en nuestro viaje de 1984, junto con las otras dos casas linderas, una a cada lado, conforman todavía hoy, un colegio. A la izquierda, la de mi bisabuelo Prisciliano Espinosa, famoso buen mozo de mal genio, que fue alcalde de Santiago. A la derecha, la de una hermana de mi abuela. Llegamos al finalizar el día de clase por lo que la visita no pudo ser como hubiéramos querido. La directora, sin embargo, fue muy amable. Nos mostró lo que quedaba abierto y nuestros hijos pudieron echarle un vistazo a una típica casa santiaguera. Mercedes, mi sobrina, les sacó video a los niñitos y les mostró luego las imágenes en la pequeña pantalla de su filmadora. No lo podían creer.

Caminamos un poco y luego nos fuimos a casa de Silvia. En la casa de enfrente está el comité del barrio. Apostado y vigilante, parado junto a la puerta, estaba el jefe de manzana que apenas bajamos del ómnibus le pidió a Pedro un dólar a cambio de no molestarnos. El hombre, tan corrupto como el sistema, no se perdió la oportunidad de hacerse de un peso extra. Pedro reía mientras decía:

—He comprado al jefe del comité del barrio con un miserable dólar.

Estuvo parado junto al ómnibus, observando, todo el tiempo que estuvimos allí. Según supimos luego, Silvia tuvo que pedirle permiso al comité del barrio para que autorizara nuestra visita. Se mantiene en buenas relaciones con ellos. Cada tanto concurren a verla, le preguntan por el hijo y por la nuera y rechequean la información. La cruzan para verificarla y están permanentemente bien informados de todo lo que sucede.

Silvia nos esperaba. También Carlos, su mujer y la vieja mucama negra que le había abierto la puerta a mi madre casi trece años atrás. La reja de la entrada, completamente oxidada, chirrió al abrir dificultosamente; las paredes estaban descascaradas, rajadas. La casa entera parecía a punto de derrumbarse. Adentro, habían cubierto los tapizados de los sillones con carpetitas tejidas al crochet para disimular los asientos y respaldos rotos, lo cual le daba a la casa una apariencia mejor, si la comparamos a la que tenía en nuestra visita anterior. Sin embargo, el revoque de los cielos rasos estaba desprendiéndose. Tramos de las molduras de yeso faltaban, y aparecían en su lugar agujeros por donde seguramente entraba la lluvia. Había manchas de humedad por todos lados. Los mismos cortinados estaban doce años más raídos y más rajados.

Nos tenían preparados helados que, evidentemente, habían comprado en la heladería de dólares. Conmovedor. Sacaron la vajilla buena y se arreglaron lo mejor que pudieron. Silvia estrenaba ropa que Mechy le había traído.

Entre tantas otras cosas nos comentó, a modo de justificación para salvar su dignidad:

—No conviene que la casa esté en muy buen estado porque corro el riesgo de que me envidien y si me envidian me pueden echar de aquí y sacármela.

Lo cierto era que la casa estaba así porque no le quedaba otra alternativa. No tenía ni medios ni manera de mantenerla mejor.

Sonriente y amable, disfrutó muchísimo de este acontecimiento que, durante las últimas semanas, le había llenado la vida con los preparativos. Marchados nosotros, todo habría de volver a la tediosa y sórdida rutina de sobrevivir a las adversidades que se presentan. Están acostumbrados, como las poblaciones durante las guerras. Lo natural es carecer de todo. Lo normal es ocupar el día tratando de conseguir lo imprescindible para vivir... Y la vida se les va en eso. Se les va.

Estuvimos en casa de Silvia hasta que fue casi la hora de irnos al aeropuerto para volver a La Habana, donde estaríamos el sábado y la mañana del domingo, en que partiríamos rumbo a los Estados Unidos.

Antes, pasamos por la Catedral y rezamos unos minutos ya que era Viernes Santo. Caminar por esa lindísima plaza donde además de la catedral está emplazada la casa más antigua de Cuba —la del adelantado Diego Velázquez—, construida en el mil quinientos y pico, no es una tarea fácil ni agradable. Nos acechan los pedigüeños pidiendo jabón, caramelos, dinero, otra vez tocándonos, asediándonos, agobiándonos, cortándonos el paso. Caminamos advertidas del riesgo de que nos arrebataran la cartera.

Todo Santiago tiene un potencial arquitectónico enorme y restaurado sería una joya. Hoy asusta por su oscuridad y su miseria.

Nos despedimos de Santiago de Cuba y también de Enrique, nuestro chofer, a quien le dimos su propina. No podía creer el monto.

Conmovido, prometió hacer lo imposible por recorrer el trayecto entre Santiago y La Habana en un día. Quería tener el placer de llevarnos él mismo al aeropuerto ese domingo. Sabíamos lo que significaba hacer ese recorrido de novecientos kilómetros de rutas imposibles, y para colmo, en época de zafra azucarera. Otra vez senderos angostos interrumpidos por camiones, carros tirados por caballos, tractores, bicicletas, peatones. Tendría que manejar alrededor de 24 horas sin parar y sin dormir.

Durante el recorrido que nos llevó del centro de Santiago a su aeropuerto, transitamos nuevamente por caminos sumidos en una oscuridad aterradoramente intensa.

Nos despedimos de Enrique seguros de que no lo volveríamos a ver. Cheo venía con nosotros en el avión.

Nuestro vuelo a La Habana, en un avión antediluviano ruso a turbohélice, no fue tan malo como esperábamos. Nos habían vaticinado que los motores despedirían humo como si estuvieran en llamas. No fue así. Simplemente resultó ser un avión lento y ruidoso.

Camino a la Basílica de la Virgen de la Caridad del Cobre. *Stgo. de Cuba, marzo de 1997.*

En la Bahía de Santiago de Cuba, *marzo de 1997.*

La casa de mis abuelos en Vista Alegre, hoy convertida en un colegio. Parte del grupo junto a los niños. *Marzo de 1997.*

"¡No! ¡Señor Clinton! no habrá en Cuba ningún gobierno de transición. La transición nació con la Revolución y sólo una Revolución puede crear un verdadero gobierno de transición".

Texto doctrinario esrito en el pizarrón a la entrada del colegio.

LUJO EN LA HABANA...
SÓLO PARA TURISTAS

Llegamos al hotel Meliá Cohiba de La Habana alrededor de las 12 de la noche. Impresionante edificio de un lujo descomunal, especialmente si lo comparábamos con el entorno. Edificado hace un par de años, sobre el Malecón, es el hotel más lujoso de Cuba. No es barato. Los cuartos cuestan alrededor de doscientos cincuenta dólares por noche.

El uso de la caja fuerte del cuarto, para variar, había que pagarlo por separado. Fue la primera vez que, al hacerlo, el empleado nos dio un recibo. En el resto de los hoteles, los empleados hacían que anotaban y obviamente se guardaban la plata. Uno, que lo observaba, se convertía en cómplice y encima interiormente aplaudía al que podía hacerle trampa a un Estado explotador y opresor. Llevará años, si es que algún día sobreviene el cambio, volver a educar a la gente en la honestidad. Probablemente, más de una generación.

A la mañana siguiente nos encontramos todos en el restaurante del hotel, donde teníamos incluido un pantagruélico buffet de desayuno. Nunca en mi vida he visto un buffet con semejante variedad, semejante abundancia. Nos sentimos mal. Era horrible esa sensación de que adentro del hotel todo, afuera literalmente nada. Mientras mayor la abundancia, más nos afligíamos. ¿Qué pasará por la mente de estos pobres empleados que no tienen acceso a nada de lo que aquí se ve en demasía? Este buffet resultaba un cachetazo, un insulto, una agresión. Como de costumbre sacamos de allí todo lo que pudimos y se lo llevamos a la gente que, sobre todo en La Habana Vieja, nos perseguía pidiéndonos cosas.

Aquel día era, prácticamente, nuestro último día en La Habana. Primero visitamos el Morro, fortaleza construida hacia 1600 para defender la ciudad. Atravesamos el túnel por debajo de la Bahía de La

Habana. Desde el Morro la vista era espectacular. Se veía toda la ciudad desplegada a lo largo de su famoso Malecón.

Luego fuimos al Museo Napoleónico pensando que éste estaba en la que había sido la casa de Julio Lobos, «el rey del azúcar», pero no fue así. La casa, fabulosa por cierto, perteneció a otro señor, Orestes Ferrara. De cualquier manera, sí se hallaba allí parte de la fabulosa colección de objetos y muebles napoleónicos de Julio Lobos, valuada en ocho millones de dólares.

Al llegar allí tuvimos que sacar dos tickets cada uno. Uno para acceder a la casa, otro para la visita guiada que, además, no era optativa. En la mitad del proceso de emisión de tickets se quedaron sin uno de los dos talonarios, entonces una empleada tuvo que ir a buscar, quién sabe adónde, el talonario de repuesto. Tres empleadas había destinadas a este operativo que llevó más de quince minutos, incluido el trámite de anotar uno por uno el número de uno de los tickets en el otro. Una anotaba, dos miraban.

Cuando finalmente lograron la emisión, que resultó más complicada que una emisión de bonos del Estado de Namibia, ante nuestro evidente disgusto e impaciencia, la guía nos dijo:

—Vengan por aquí para que se les pase el mal humor de la espera.

Ingenuamente le pregunté:

—¿Para qué anotan uno por uno? ... ¿No sería más fácil que al final del día el controlador le exija a la cajera rendir cuentas del número tal al tal, equivalente a tantos dólares?

Y la respuesta no se hizo esperar...

—No mi amor... eso sería desarrollo.

Recorrimos esa casa lindísima y luego nos fuimos a la de María Cagiga de Gómez Mena, en el Country, que hoy es el Museo de Arte Decorativo.

Pasar por la «Quinta Avenida» de La Habana, nos seguía deslumbrando una y otra vez. Las casas eran todas lindas, importantes, con carácter. No había rincón de La Habana que no nos pareciera absolutamente divino.

En nuestro viaje anterior ya habíamos visitado este palacete, pero valía la pena que los demás lo hicieran y que los chicos vieran una de las residencias más lindas y más lujosas de La Habana.

Allí, Josefina escuchó a la guía que les decía a algunos visitantes que la razón por la cual algunas casas de los millonarios estaban en ruinas, era porque ellos las habían abandonado en lugar de donarlas al Estado para que éste las cuidara bien. Josefina le preguntó a la guía si quería escuchar otra versión de esa historia, a lo que la guía le contestó:

—No interesa.

Luego fuimos al centro, al Vedado. Caminamos por las inmediaciones del FOCSA, hoy llamado Edificio Coronel Fajardo. Caminando por el barrio sentimos como nunca que esta construcción era un anacronismo total para la zona. Decididamente arruinaba el barrio. Probablemente, La Habana hubiera terminado toda así, en rascacielos modernos que habrían hecho desaparecer el fuerte carácter colonial que tiene por doquier. El diseño de este edificio moderno —en forma de libro abierto— había logrado que todos los departamentos tuvieran una excelente ventilación y vista hacia ambos lados: hacia el mar y hacia la ciudad. Tratamos de subir al último piso, donde estaba el antiguo «Club La Torre» y los ascensores no andaban. El edificio no era una excepción. Estaba como el resto de ese barrio, sucio, deteriorado y prácticamente en ruinas.

Caminamos por la CMQ, propiedad de nuestros padres y al edificio lo encontramos en casi tan mal estado como el FOCSA. También el cine Yara, nuevo nombre para Radiocentro, construcción que fue el orgullo de los hermanos Mestre en los años '50.

Nada de todo esto lo vimos con ojos de querer o poder recuperarlo en un futuro, pero si así fuera, tal como le hizo notar Papá a Mechy en uno de sus últimos encuentros, lo que verdaderamente tendría valor sería la ubicación de cada una de las propiedades que tenían en Cuba, principalmente en La Habana.

Mirándolo así, francamente, allí hay enterrada una fortuna. La CMQ, Radiocentro, lo que no se vendió del FOCSA, la Vaillant Motors, la Bestov, las droguerías en cada provincia, la CMBF y tantas otras cosas. Ubicación: ese fue uno de los principales objetivos con que encararon la compra o construcción de cada uno de los inmuebles que fueron adquiriendo. Todos ellos, por supuesto, confiscados por la Revolución de Fidel Castro.

Mechy cuenta que en Nueva York, en noviembre de 1993, luego del último almuerzo que compartió con papá —durante el cual él hizo la estimación de cada una de las propiedades de la veintena de empresas que dejaron en Cuba—, llegó a su oficina y tomó una calculadora. Recuerda haber sumado todas las propiedades y haber dividido el resultado entre todos los primos. La cifra era importante. ¿Ilusiones, sueños? Ninguna de las dos cosas porque esas propiedades jamás las recuperaremos.

De cualquier manera, cada vez que visitábamos una de las propiedades, Mechy repetía en inglés: «Location, location»... «Sea front». Y reíamos sabiendo que eso no era lo importante. Lo importante sería ver a Cuba de pie. Con dignidad, con futuro.

Almorzamos en uno de los restaurantes recomendados por Micho, en una esquina de la Plaza de Armas, casi frente a la Casa de los Capitanes Generales, corazón de La Habana Vieja. Un conjunto musical nos acompañó todo el almuerzo, que estuvo bastante rico. El restaurante había sido instalado en el patio interno de una de las viejísimas casas coloniales, rodeado de arcos de medio punto y plantas tropicales. En el medio había una guarapera en funcionamiento que llenó a Pedro de alegría. La guarapera no es otra cosa que una especie de prensa que le saca el jugo a la caña de azúcar, el «guarapo» que tantos recuerdos de la infancia le traía a Pedro.

Dedicamos la tarde a recorrer La Habana Vieja incluyendo el Museo de la Ciudad que fue una inesperada sorpresa. Funciona dentro de lo que fue la Casa de los Capitanes Generales. La construcción en sí es del mil seiscientos y pico; imponente, espectacular.

Los objetos y muebles, los ambientes en sí, también nos sorprendieron por lo lujosos, por lo fastuosos y bonitos. En una de las vitrinas vi un plato idéntico al juego de platos de postre que me tocó en herencia y que mi madre había comprado en una subasta en los años

'50. Un embajador los sacó de Cuba años después de iniciado nuestro exilio y los devolvió a mi familia.

Caminamos por sectores de La Habana Vieja, menos concurridos y en vías de restauración. Cada cuadra nos asombraba más que la anterior. Un barrio entero estará terminado en poco tiempo más. Todas las antiguas casas con sus patios internos llenos de plantas, las rejas increíbles... Una casa más linda que la otra. No hay turistas ni está invadida por esos horribles puestos de artesanías. La iglesia de San Francisco de Asís en la plaza donde funcionaba la Lonja de Comercio nos dejó sin aliento.

Qué belleza es esta Habana Vieja y qué potencial infinito ofrece al turismo. Ninguna ciudad colonial de América tiene comparación con ésta. Dimos vueltas y más vueltas y no nos cansamos de exclamar nuestra admiración al doblar cada esquina.

Pero la contrapartida de esta Habana Vieja son los sectores superpoblados donde carecen de agua corriente. Las cañerías se encuentran totalmente deterioradas y ni hablar de lo que han de ser las cloacas. Para aprovisionarse de agua pasa periódicamente el aguatero. Si bien hay partes en vías de restaurarse la mayor parte de La Habana Vieja agoniza. Está a punto del colapso total. Del derrumbe.

Esa noche sería nuestra última noche en Cuba. Micho, por consejo de Flavia Campilli había hecho una reserva para todos en un «Paladar».

Los «Paladares» son negocios privados que el gobierno está permitiendo. Son pequeños restaurantes para un máximo de 12 cubiertos. Pero como todo en este país, tiene su trampa. No cualquiera puede aspira a tener un Paladar. Únicamente pueden solicitar la licencia aquellas personas que no hayan recibido educación universitaria por parte del Estado después de 1960. En otras palabras; solamente no profesionales o viejos. Pero también está lleno de paladares clandestinos.

Poco antes de ir a comer nos fuimos a La Cabaña para el tradicional cañonazo. Desde la época de la Colonia hasta nuestros días se oye un disparo de cañón puntualmente a las nueve de la noche. Hoy en día han inventado una ceremonia a la vieja usanza, con soldados de levita colorada y sombreros de tres picos. La lástima fue que la falta de luz nos obligó a tener que adivinar más de la mitad de la ceremonia.

Josefina no quiso ir. Hasta hace muy pocos años La Cabaña, vieja fortificación tan antigua como el Morro, sirvió como cárcel. De las más crueles por cierto, y su padre —que fue preso político— estuvo prisionero allí muchísimos años. Entre La Cabaña y la cárcel de Isla de Pinos, más de 20 años.

Terminada la ceremonia pasamos nuevamente por el hotel a recoger a los que no habían venido al «cañonazo», para ir al «Paladar» del Vedado.

La que nos recomendó ese Paladar, Flavia Campilli, es una cubano-italiana, amiga de toda la vida de Micho y Josefina. Trabajaba para una empresa inglesa, que la trasladó a La Habana hace alrededor de un año y medio. Poco pudimos hablar con ella pues nos cruzamos. Micho sí pudo verla más que nosotros. El resumen de la estadía de Flavia es que se ha sentido por primera vez en su vida una verdadera benefactora. Con relativamente poco dinero le cambió la vida a un montón de gente. Un poco en broma, un poco en serio, le dijimos durante nuestro breve encuentro en el Hotel Nacional:

—Flavia, ¿estás como Sor Teresa de Calcuta?

A lo que respondió:

—De veras, me siento un poco así.

El «Paladar» resultó un lugar absolutamente mágico. Su dueña, una artista, artesana, escultora y pintora había construido su casa en la azotea de un edificio. Con sus propias manos, mezclando cemento y botellas construyó gran parte de este departamento cuyos ambientes daban todos a un gran patio lleno de plantas. Delia, alta, medio mulata, tenía un halo espiritual, que la convertía en una mujer interesantísima. Nos habló de la situación desesperanzada de Cuba. Según ella el régimen no cambiará jamás aunque muera Fidel. La sucesión está prevista y orquestada. El sistema se asegura de que no surja ningún líder político. Y el cubano —según ella— ha perdido las ganas de pelear. Lo ha perdido todo. Se ha olvidado hasta de cómo cocinar. Comen, matan el hambre pero ya no saben condimentar, sazonar. Toda la tradición de la comida criolla se ha perdido y ella, Delia, ha tratado de recuperarla. Y lo ha hecho con creces. Comimos unos platos deliciosos. Langosta, frituras de malanga, de pollo, kimbombó, y mil delicias más.

Delia conoce bastante sobre la situación general. Trabaja para el Gobierno en emprendimientos tales como el Tropicana de Santiago de Cuba. Lo construyó con los presos de Santiago como única mano de obra, a la que dice que supo incentivar. Habla y no tiene miedo de hacerlo, de pelear, de luchar. Según dice, se han dado por vencidos con ella.

Al terminar la comida Adelaida nos cantó, el hijo de Micho y Bill hizo sus imitaciones y dentro de la pena que significaba el fin de este viaje, nos reímos mucho.

Partimos cerca de las 12 de la noche y nos despedimos de Micho, de Bill y de sus hijos Silvia y William en la puerta del Hotel Nacional. Este americano, con facha de arqueólogo, nos conquistó a todos con su tono afable y su calidez. Cuba lo conmovió profundamente como también lo conmovió este grupo familiar y este tácito reencuentro con Micho, con quien yo creí definitivamente perdido el contacto y a quien de alguna manera acababa de recuperar. Me gustó este hombre diferente, sensible y tranquilo. Me alegró mucho por Micho para quien la vida no ha sido fácil. Prometí visitarlos en Boston. Nos dimos un abrazo de despedida, lleno de emoción y de afecto. Empezaban los adioses.

Los demás volvimos al hotel a tomarnos el último mojito, el último daiquirí. Teníamos previstos para el día siguiente dos viajes al aeropuerto. Uno, para los Bonachea, Josefina y Adelaida y otro para el grupo argentino que se iba vía Nassau.

Una de las veredas del Paseo del Prado, *marzo de 1997.*

Mis tres hijos y yo.
Desde el Morro, vista de La Habana desplegada a lo largo del Malecón. *Marzo de 1997.*

"Los árboles que caminan" frente a la Iglesia de Santa Rita en Miramar.

ÚLTIMO DÍA EN LA HABANA.
TERCER ADIÓS

Le pedí a Cheo que esa mañana el ómnibus viniera temprano. Quería ir por última vez a mi casa, a despedirme. Josefina, durante la tarde del sábado, mientras nosotros recorríamos La Habana Vieja, había decidido hacer lo mismo. Se tomó un taxi y recorrió todas sus casas, la finca, la casa de sus abuelos; todas por última vez.

Ahora nos tocaba a nosotros. Mechy a último momento quiso venir, Adelaida, Robertito y Martín también.

Estamos sacándole las últimas fotos a nuestra casa cuando aparece el auto con la embajadora Susana Grané. Se detiene y baja la ventanilla. Dice que el embajador de Portugal tiene unos libros para darnos. Tocamos desesperadamente el timbre. La sola idea de poder volver a entrar en mi casa me llena de excitación. Nadie contesta. Se hace tarde. Tenemos que volver.

Ya andando, Adelaida me da una cuantas florcitas... Aquellas campanillas coloradas del arbusto de la casa de Mechy, que había descubierto días atrás y que me habían recordado las pulseras y collares que hacíamos de niñas, ensartando una flor dentro de la otra. Addy tuvo intención de unirlas en una pulserita pero el tiempo no le alcanzó. Quiso tener un gesto de cariño y así lo tomé.

Guardé las florcitas y todavía las conservo secas.

El ómnibus debía dejarnos a Martín, a Robertito y a mí en la Iglesia de Santa Rita frente a ese parque con los «árboles que caminan». Era domingo 30 de marzo, aniversario de la muerte de mamá.

Mientras nosotros hacíamos este recorrido, los Bidondo y Mariana fueron a una misa cerca del hotel. Allí hablaron con las monjas e indagaron sobre un tema del cual todavía no sabíamos nada: el religioso.

Hace cuatro años, durante el Congreso del Partido Comunista en Cuba, se decidió aflojar con la persecución religiosa, al menos en teoría.

Permitieron por ley que los católicos pudieran ingresar al Partido Comunista. Lo que ha sucedido en la práctica, es que los comunistas han empezado a ir a la iglesia.

—¿Están vigiladas? —les preguntaron a las monjas.

—Tanto como no pueden imaginarse. Un niño que nos barría la iglesia fue visto hablando «por demás» con turistas. El CDR (Comité de Defensa de la Revolución) se lo llevó. Lo golpearon tanto que no lo pudieron soltar enseguida pues sus heridas eran la prueba de la paliza que había recibido. Nosotros tuvimos igual que pagar la fianza que fue el equivalente a una colecta entera de Caritas. En la práctica, lo cierto es que dejaron entrar más sacerdotes, pero con reservas implícitas.

Contaron las monjitas que un sacerdote dominico fue expulsado del país, hace un par de años, con la amenaza de que si hacía la denuncia de su extradición, ningún otro sacerdote de su congregación volvería a entrar en Cuba. Cuando las autoridades fueron a echarlo le leyeron fragmentos de todos sus sermones. Allí tenían la prueba de que ciertos mensajes en contra de la Revolución habían sido intercalados en sus homilías. Uno de ellos era una comparación con la noche en que Jesús se había ido a orar y los doce apóstoles se habían quedado dormidos. El cura había dicho algo así como que esperaba que en Cuba por lo menos doce no se quedaran dormidos y que estuvieran alerta. Fue suficiente.

Otro caso notable fue el de una chica que iba a la universidad y que enfermó. Durante su convalecencia la cuidó una señora que poco a poco fue inculcándole la religión y la convirtió. La chica empezó a asistir a misa y «casualmente» fue echada del U.J.C. (la Unión de Jóvenes Comunistas). La excusa para expulsarla fue que se sospechaba que era lesbiana. La tenían vigilada y sabían que hacía más de dos años que no tenía relaciones con ningún hombre, por lo que habían deducido que sus inclinaciones ya no eran las normales.

Es sabido que en Cuba hay una fuerte discriminación contra los homosexuales.

Las monjas reúnen a los viejos todos los meses y les organizan una fiesta con rifas. Los premios suelen ser los jaboncitos que los turistas sacan de los hoteles, tal como habían hecho los Bidondo, quienes entregaron, justamente, una bolsa llena de shampoos y jabones.

Las dos religiosas tenían claramente dos roles distintos que cumplir. Una, la que hablaba, era el cerebro. La otra, menos inteligente y menos instruida, la que ejecutaba. Esta última era la encargada, por ejemplo, de comprar leche para los viejos en el mercado negro. Corría serios riesgos pero era la única forma que tenían para costear la leche. De tener que comprar en las tiendas de dólar, el precio sería otro, inalcanzable para el magro presupuesto con el que cuentan.

Otra forma de discriminación consiste en que los católicos tienen prohibido seguir carreras humanistas o ser profesores. A la hora de ser elegidos para cualquier cosa los católicos asumen su religión como un puntaje en contra. Se están preparando para la venida del Papa Juan Pablo II. Están convencidas de que algo despertará en el pueblo. Con respecto a la juventud, señalaron que tienen serios problemas para casarse. La escasez de viviendas es una de las causas. Tanto es así, que los jóvenes no tienen dónde hacer el amor por lo que las plazas se han convertido en lugares por demás promiscuos. Algunos matrimonios jóvenes que viven hacinados con otras familias, arreglan turnos para tener relaciones. De la prostitución ni hablar. La hemos visto con nuestros propios ojos. Las famosas jineteras. Niñas, algunas de doce o trece años, a la caza de turistas que les puedan proveer el sustento. Cómo culparlas. La miseria y el hambre justifican casi todo.

En la puerta de Santa Rita nos despedimos de Mechy y de Adelaida. Ellas debían buscar a los otros para seguir hacia el aeropuerto. Estábamos conmovidas pero aguantamos las lágrimas y no dijimos nada.

Sabíamos que habíamos compartido un viaje muy especial. Único, irrepetible. Vivencias verdaderamente intransferibles. Cada una había vivido esta experiencia como quiso o como pudo y para cada una el viaje significó cosas diferentes. Pero importantes para todas.

Adelaida encontró algo de sus raíces, un lazo más con su padre muerto hace años, un nexo más de unión, con nosotros. Mechy debe de haberse reencontrado con su infancia, tal como me sucedió a mí en mi regreso anterior. Pedro, con buena parte de su pasado. Josefina también. Para Ali supongo que habrá sido parecido a lo que ha sido para mí. Muy distinto a nuestro viaje anterior, éste fue quizás un choque más duro, más fuerte y más triste con la realidad de una Cuba que no sospechábamos tan cruel. Volver con mis hijos y que a éstos les gustara Cuba, fue muy importante para mí. Para el recuerdo que quiero que conserven de sus abuelos. Ha sido una forma de recuperar un poco de ese abuelo tan cubano que tuvieron. Esa figura insustituible que formó parte esencial de la infancia de todos ellos. También su abuela, que a pesar de no haber nacido en Cuba, había adoptado y amado a ese país casi más que a su país natal.

Y Cuba, ¿qué ha significado para mí en este viaje? Me di cuenta de que me hubiera gustado vivir en la Cuba de antes, toda mi vida. Esta vez como nunca se me hizo evidente que hubiera querido vivir en Cuba siempre. Que nada me gusta más que su mar y sus playas, que La Habana era y es una ciudad divina, que Cuba era no sólo mi lugar natural sino que hubiera sido mi lugar por opción, y además, un país de una belleza extraordinaria. Me cautivó como nunca. Me gustó todavía más que antes. Nada puede compensarme esta pérdida. No hay castigo posible ni suficiente para el culpable, porque mi vida no la puedo vivir dos veces.

No he de volver. No querré volver a menos que cambie el régimen.

Pero, aunque añoro poder regresar algún día, lo veo difícil. Tan remoto y tan lejano que casi se me hace imposible. Pero si la vida llega a darme la oportunidad de ver al menos el comienzo de un cambio, le dedicaré todo el tiempo y la atención que pueda para ayudar a Cuba a transitar ese cambio. Para que no arruinen lo que quedó de La Habana

Vieja, de Santiago, de Trinidad. Para ayudar a reconstruir Cuba como país. Ayudar a su gente a progresar, a salir adelante y a aprender a hacer buen uso de su libertad recién recuperada. Volveré para colaborar a que Cuba se levante, para que recobre su pujanza y despierte.

Pero me temo que estos son solamente sueños. Todos dicen que el régimen prevalecerá, que sobrevivirá a Fidel y nosotros moriremos sin ver el cambio en Cuba.

Volver por segunda vez fue bueno. Cumplimos con el intento de cerrar el círculo y darle a nuestros hijos un elemento insustituible para quedar ligados para siempre al recuerdo de sus abuelos. Les gustó Cuba. Les encantó. Martín, mi hijo menor, cuando le pregunté qué le había parecido Cuba, lo resumió así:

—Para volver.

Volver por segunda vez fue triste, fue duro.

No podemos quedar indiferentes frente a este problema que no se resuelve ni se resolverá con embargos, ni con formas de aislamiento que lo único que logran es eso: aislar al pueblo cubano de un mundo libre y mejor.

Me fui con el corazón estrujado, partido, lleno de desesperanza. He visto a mi gente desahuciada, abatida, sin voluntad, entregada. He visto a mi gente rendida. He visto a mi gente infeliz, triste y resignada. Me ha dolido porque es mi gente. Y a mi tierra... A mi tierra la he visto agonizante, dejada, abandonada a su suerte, decadente, miserable, arruinada y bellísima a pesar de todo. Nada podrá cambiar el color del mar, ni de esas arenas blancas ni de esos valles sembrados de palmas reales, ni de ese cielo limpio y azul, ni de esa brisa fresca del mar. Pero mi gente y mi tierra son, en mí, una herida abierta.

Algo debemos hacer.

La Habana

Te he visto decadente, estrujada,
partiéndote en pedazos.
Surcada de abandono
por tus grietas. Arterias rasgadas
por donde se te va desgranando la vida.
Tus muros encorvados sobre las recovas,
y las recovas, apenas sostenidas
por tus columnas vencidas.
Balcones hechos madejas
de hierro forjado oxidado
y postigos devorados
por el salitre y la inclemencia del mar.
He visto tu Malecón y sus portales
descascarados al sol,
carcomidos por tanto trópico
resignados a convertirse en escombros.
Te he visto, Habana Vieja, agonizante,
derrumbándote, entregándote
irremediablemente al abandono.
Derrotada por la desidia
y por la guadaña del tiempo
(tiempo que suele ser muerte).
Y así y todo, a pesar de tu suerte
a pesar de tus andrajos y tus ruinas,
todavía deslumbras. Se adivina
tu antiguo señorío, tu belleza.
Rendida casi por la corrosión y el calendario
sobrevives. Apenas, pero estás despierta.
Desdibujada, resquebrajada pero aferrada

a tus cimientos, a tu origen y tu pasado.
Entre tus paredes roídas
y tus techos tambaleantes
puedo oír tu grito desesperado
pidiendo que te apuntalen,
rogando que te sostengan,
antes que sea demasiado tarde.
Y yo, que te he visto así,
no puedo recuperarte, no puedo salvarte.
Tengo las manos atadas
con exilio, con ausencia y con distancia.
Agonizas, Habana Vieja, y yo,
yo no puedo hacer nada por ti.

                                                               1998

La tapa de este libro

Esta foto...
Pisadas de mis tres reencuentros
con mi mar azulcaribe y mis playas
soldejulio, de mi Cuba amada.
Pero son también los tres adioses
de mi vida, y las huellas que me dejaron en el alma.
Marcas agridulces que han quedado
ahuecando arenas, vaciando la esperanza
de volver a tener patria.
Estas pisadas son el rastro
que ha estampado para siempre en mi memoria
el dolor de la partida,
y la emoción inmensa a la llegada.
Hasta que gane la marea del olvido
o del volver definitivo,
o se mojen con la luz de la mañana,
y se borren solamente,
para los ojos de la cara.
Cicatrices de mi historia
de ida y vuelta, intangibles
pero verdaderas,
que desaparecerán conmigo
cuando mi muerte se funda con las olas.

3 de enero de 1999

Quiero expresar a Aldo Sessa mi más profundo agradecimiento por la foto de tapa de este libro.

COLECCIÓN *CUBA Y SUS JUECES*
(libros de historia y política publicados por
EDICIONES UNIVERSAL):

0359-6	CUBA EN 1830, Jorge J. Beato & Miguel F. Garrido
044-5	LA AGRICULTURA CUBANA (1934-1966), Oscar A. Echevarría Salvat
045-3	LA AYUDA CUBANA A LA LUCHA POR LA INDEPENDENCIA NORTEAMERICANA, Eduardo J. Tejera
046-1	CUBA Y LA CASA DE AUSTRIA, Nicasio Silverio Saínz
047-X	CUBA, UNA ISLA QUE CUBRIERON DE SANGRE, Enrique Cazade
048-8	CUBA, CONCIENCIA Y REVOLUCIÓN, Luis Aguilar León
049-6	TRES VIDAS PARALELAS, Nicasio Silverio Saínz
050-X	HISTORIA DE CUBA, Calixto C. Masó
051-8	RAÍCES DEL ALMA CUBANA, Florinda Álzaga
0-6	MÁXIMO GÓMEZ ¿CAUDILLO O DICTADOR? Florencio García Cisneros
118-2	EL ARTE EN CUBA, Martha de Castro
119-0	JALONES DE GLORIA MAMBISA, Juan J.E. Casasús
123-9	HISTORIA DEL PARTIDO COMUNISTA DE CUBA Jorge García Montes y Antonio Alonso Avila
131-X	EN LA CUBA DE CASTRO (APUNTES DE UN TESTIGO) Nicasio Silverio Saínz
1336-2	ANTECEDENTES DESCONOCIDOS DEL 9 DE ABRIL Y LOS PROFETAS DE LA MENTIRA, Ángel Aparicio Laurencio
136-0	EL CASO PADILLA: LITERATURA Y REVOLUCIÓN EN CUBA Lourdes Casal
139-5	JOAQUÍN ALBARRÁN, ENSAYO BIOGRÁFICO, Raoul García
157-3	VIAJANDO POR LA CUBA QUE FUE LIBRE, Josefina Inclán
165-4	VIDAS CUBANAS - CUBAN LIVES.- VOL. I., José Ignacio Lasaga
205-7	VIGENCIA POLÍTICA Y LITERARIA DE MARTÍN MORÚA DELGADO, Aleyda T. Portuondo
205-7	CUBA, TODOS CULPABLES, Raul Acosta Rubio
207-3	MEMORIAS DE UN DESMEMORIADO-LEÑA PARA EL FUEGO DE LA HISTORIA DE CUBA, José R. García Pedrosa

211-1	HOMENAJE A FÉLIX VARELA, Sociedad Cubana de Filosofía
212-X	EL OJO DEL CICLÓN, Carlos Alberto Montaner
220-0	ÍNDICE DE LOS DOCUMENTOS Y MANUSCRITOS DELMONTINOS, Enildo A. García
240-5	AMÉRICA EN EL HORIZONTE. UNA PERSPECTIVA CULTURAL, Ernesto Ardura
243-X	LOS ESCLAVOS Y LA VIRGEN DEL COBRE, Leví Marrero
262-6	NOBLES MEMORIAS, Manuel Sanguily
274-X	JACQUES MARITAIN Y LA DEMOCRACIA CRISTIANA. José Ignacio Rasco
283-9	CUBA ENTRE DOS EXTREMOS, Alberto Muller
293-6	HISTORIA DE LA ODONTOLOGÍA EN CUBA. VOL.I: (1492-1898), César A. Mena
310-X	HISTORIA DE LA ODONTOLOGÍA EN CUBA VOL.II: (1899-1940), César A. Mena
311-8	HISTORIA DE LA ODONTOLOGÍA EN CUBA VOL.III:(1940-1958), César A. Mena
344-4	HISTORIA DE LA ODONTOLOGÍA EN CUBA. VOL IV: (1959-1983), César A. Mena
3122-0	RELIGIÓN Y POLÍTICA EN LA CUBA DEL SIGLO XIX (EL OBISPO ESPADA), Miguel Figueroa y Miranda
298-7	CRITICA AL PODER POLÍTICO, Carlos M. Méndez
313-4	EL MANIFIESTO DEMÓCRATA, Carlos M. Méndez
314-2	UNA NOTA DE DERECHO PENAL, Eduardo de Acha
319-3	MARTÍ EN LOS CAMPOS DE CUBA LIBRE, Rafael Lubián
320-7	LA HABANA, Mercedes Santa Cruz (Condesa de Merlín)
328-2	OCHO AÑOS DE LUCHA - MEMORIAS, Gerardo Machado y Morales
340-1	PESIMISMO, Eduardo de Acha
347-9	EL PADRE VARELA. BIOGRAFÍA DEL FORJADOR DE LA CONCIENCIA CUBANA, Antonio Hernández-Travieso
353-3	LA GUERRA DE MARTÍ (LA LUCHA DE LOS CUBANOS POR LA INDEPENDENCIA), Pedro Roig
354-1	EN LA REVOLUCIÓN DE MARTÍ, Rafael Lubián y Arias
358-4	EPISODIOS DE LAS GUERRAS POR LA INDEPENDENCIA DE CUBA, Rafael Lubián y Arias

361-4	EL MAGNETISMO DE JOSÉ MARTÍ, Fidel Aguirre
364-9	MARXISMO Y DERECHO, Eduardo de Acha
367-3	¿HACIA DONDE VAMOS? (RADIOGRAFÍA DEL PRESENTE CUBANO), Tulio Díaz Rivera
368-1	LAS PALMAS YA NO SON VERDES (ANÁLISIS Y TESTIMONIOS DE LA TRAGEDIA CUBANA), Juan Efe Noya
374-6	GRAU: ESTADISTA Y POLÍTICO (Cincuenta años de la Historia de Cuba), Antonio Lancís
376-2	CINCUENTA AÑOS DE PERIODISMO, Francisco Meluzá Otero
379-7	HISTORIA DE FAMILIAS CUBANAS (VOLS.I-VI) Francisco Xavier de Santa Cruz y Mallén
380-0	HISTORIA DE FAMILIAS CUBANAS. VOL. VII Francisco Xavier de Santa Cruz y Mallén
408-4	HISTORIA DE FAMILIAS CUBANAS. VOL. VIII Francisco Xavier de Santa Cruz y Mallén
409-2	HISTORIA DE FAMILIAS CUBANAS. VOL. IX Francisco Xavier de Santa Cruz y Mallén
383-5	CUBA: DESTINY AS CHOICE, Wifredo del Prado
387-8	UN AZUL DESESPERADO, Tula Martí
392-4	CALENDARIO MANUAL Y GUÍA DE FORASTEROS DE LA ISLA DE CUBA
393-2	LA GRAN MENTIRA, Ricardo Adám y Silva
403-3	APUNTES PARA LA HISTORIA. RADIO, TELEVISIÓN Y FARÁNDULA DE LA CUBA DE AYER..., Enrique C. Betancourt
407-6	VIDAS CUBANAS II/CUBAN LIVES II, José Ignacio Lasaga
411-4	LOS ABUELOS: HISTORIA ORAL CUBANA, José B. Fernández
413-0	ELEMENTOS DE HISTORIA DE CUBA, Rolando Espinosa
414-9	SÍMBOLOS - FECHAS - BIOGRAFÍAS, Rolando Espinosa
418-1	HECHOS Y LIGITIMIDADES CUBANAS. UN PLANTEAMIENTO Tulio Díaz Rivera
425-4	A LA INGERENCIA EXTRAÑA LA VIRTUD DOMÉSTICA (biografía de Manuel Márquez Sterling), Carlos Márquez Sterling
426-2	BIOGRAFÍA DE UNA EMOCIÓN POPULAR: EL DR. GRAU Miguel Hernández-Bauzá
428-9	THE EVOLUTION OF THE CUBAN MILITARY (1492-1986) Rafael Fermoselle
431-9	MIS RELACIONES CON MÁXIMO GÓMEZ, Orestes Ferrara

436-X	ALGUNOS ANÁLISIS (EL TERRORISMO. DERECHO INTERNACIONAL), Eduardo de Acha
437-8	HISTORIA DE MI VIDA, Agustín Castellanos
443-2	EN POS DE LA DEMOCRACIA ECONÓMICA, Varios
450-5	VARIACIONES EN TORNO A DIOS, EL TIEMPO, LA MUERTE Y OTROS TEMAS, Octavio R. Costa
451-3	LA ULTIMA NOCHE QUE PASE CONTIGO (40 AÑOS DE FARÁNDULA CUBANA/1910-1959), Bobby Collazo
458-0	CUBA: LITERATURA CLANDESTINA, José Carreño
459-9	50 TESTIMONIOS URGENTES, José Carreño y otros
461-0	HISPANIDAD Y CUBANIDAD, José Ignacio Rasco
466-1	CUBAN LEADERSHIP AFTER CASTRO, Rafael Fermoselle
483-1	JOSÉ ANTONIO SACO, Anita Arroyo
479-3	HABLA EL CORONEL ORLANDO PIEDRA, Daniel Efraín Raimundo
490-4	HISTORIOLOGÍA CUBANA I (1492-1998), José Duarte Oropesa
2580-8	HISTORIOLOGÍA CUBANA II (1998-1944), José Duarte Oropesa
2582-4	HISTORIOLOGÍA CUBANA III (1944-1959), José Duarte Oropesa
502-1	MAS ALLÁ DE MIS FUERZAS, William Arbelo
508-0	LA REVOLUCIÓN, Eduardo de Acha
510-2	GENEALOGÍA, HERÁLDICA E HISTORIA DE NUESTRAS FAMILIAS, Fernando R. de Castro y de Cárdenas
514-5	EL LEÓN DE SANTA RITA, Florencio García Cisneros
516-1	EL PERFIL PASTORAL DE FÉLIX VARELA, Felipe J. Estévez
518-8	CUBA Y SU DESTINO HISTÓRICO. Ernesto Ardura
520-X	APUNTES DESDE EL DESTIERRO, Teresa Fernández Soneira
524-2	OPERACIÓN ESTRELLA, Melvin Mañón
532-3	MANUEL SANGUILY. HISTORIA DE UN CIUDADANO Octavio R. Costa
538-2	DESPUÉS DEL SILENCIO, Fray Miguel Angel Loredo
540-4	FUSILADOS, Eduardo de Acha
551-X	¿QUIEN MANDA EN CUBA? LAS ESTRUCTURAS DE PODER. LA ÉLITE., Manuel Sánchez Pérez

553-6	EL TRABAJADOR CUBANO EN EL ESTADO DE OBREROS Y CAMPESINOS, Efrén Córdova
558-7	JOSÉ ANTONIO SACO Y LA CUBA DE HOY, Ángel Aparicio
7886-3	MEMORIAS DE CUBA, Oscar de San Emilio
566-8	SIN TIEMPO NI DISTANCIA, Isabel Rodríguez
569-2	ELENA MEDEROS (UNA MUJER CON PERFIL PARA LA HISTORIA), María Luisa Guerrero
577-3	ENRIQUE JOSÉ VARONA Y CUBA, José Sánchez Boudy
586-2	SEIS DÍAS DE NOVIEMBRE, Byron Miguel
588-9	CASTRO CONVICTO, Francisco Navarrete
589-7	DE EMBAJADORA A PRISIONERA POLÍTICA: ALBERTINA O'FARRILL, Víctor Pino Llerovi
590-0	REFLEXIONES SOBRE CUBA Y SU FUTURO, Luis Aguilar León
592-7	DOS FIGURAS CUBANAS Y UNA SOLA ACTITUD, Rosario Rexach
598-6	II ANTOLOGÍA DE INSTANTÁNEAS, Octavio R. Costa
600-1	DON PEPE MORA Y SU FAMILIA, Octavio R. Costa
603-6	DISCURSOS BREVES, Eduardo de Acha
606-0	LA CRISIS DE LA ALTA CULTURA EN CUBA - INDAGACIÓN DEL CHOTEO, Jorge Mañach (Ed. de Rosario Rexach)
608-7	VIDA Y MILAGROS DE LA FARÁNDULA DE CUBA I, Rosendo Rosell
617-6	EL PODER JUDICIAL EN CUBA, Vicente Viñuela
620-6	TODOS SOMOS CULPABLES, Guillermo de Zéndegui
621-4	LUCHA OBRERA DE CUBA, Efrén Naranjo
623-0	HISTORIOLOGÍA CUBANA IV (1959-1980), José Duarte Oropesa
624-9	HISTORIA DE LA MEDICINA EN CUBA I: HOSPITALES Y CENTROS BENÉFICOS EN CUBA COLONIAL, César A. Mena y Armando F. Cobelo
626-5	LA MÁSCARA Y EL MARAÑÓN (LA IDENTIDAD NACIONAL CUBANA), Lucrecia Artalejo
639-7	EL HOMBRE MEDIO, Eduardo de Acha
644-3	LA ÚNICA RECONCILIACIÓN NACIONAL ES LA RECONCILIACIÓN CON LA LEY, José Sánchez-Boudy

645-1	FÉLIX VARELA: ANÁLISIS DE SUS IDEAS POLÍTICAS, Juan P. Esteve
646-X	HISTORIA DE LA MEDICINA EN CUBA II (Ejercicio y enseñanza de las ciencias médicas en la época colonial, César A. Mena
647-8	REFLEXIONES SOBRE CUBA Y SU FUTURO, (segunda edición corregida y aumentada), Luis Aguilar León
648-6	DEMOCRACIA INTEGRAL, Instituto de Solidaridad Cristiana
652-4	ANTIRREFLEXIONES, Juan Alborná-Salado
664-8	UN PASO AL FRENTE, Eduardo de Acha
668-0	VIDA Y MILAGROS DE LA FARÁNDULA DE CUBA II, Rosendo Rosell
676-1	EL CAIMÁN ANTE EL ESPEJO (Un ensayo de interpretación de lo cubano), Uva de Aragón Clavijo
677-5	HISTORIOLOGÍA CUBANA V, José Duarte Oropesa
679-6	LOS SEIS GRANDES ERRORES DE MARTÍ, Daniel Román
680-X	¿POR QUÉ FRACASÓ LA DEMOCRACIA EN CUBA?, Luis Fernández-Caubí
682-6	IMAGEN Y TRAYECTORIA DEL CUBANO EN LA HISTORIA I (1492-1902), Octavio R. Costa
683-4	IMAGEN Y TRAYECTORIA DEL CUBANO EN LA HISTORIA II (1902-1959), Octavio R. Costa
684-2	LOS DIEZ LIBROS FUNDAMENTALES DE CUBA (UNA ENCUESTA), Armando Álvarez-Bravo
686-9	HISTORIA DE LA MEDICINA EN CUBA III (1899 a 1909), César A. Mena
689-3	A CUBA LE TOCÓ PERDER, Justo Carrillo
690-7	CUBA Y SU CULTURA, Raúl M. Shelton
702-4	NI CAÍDA, NI CAMBIOS, Eduardo de Acha
703-2	MÚSICA CUBANA: DEL AREYTO A LA NUEVA TROVA, Cristóbal Díaz Ayala
706-7	BLAS HERNÁNDEZ Y LA REVOLUCIÓN CUBANA DE 1933, Ángel Aparicio
713-X	DISIDENCIA, Ariel Hidalgo
715-6	MEMORIAS DE UN TAQUÍGRAFO, Angel V. Fernández
716-4	EL ESTADO DE DERECHO, Eduardo de Acha
718-0	CUBA POR DENTRO (EL MININT), Juan Antonio Rodríguez Menier

719-9	MANANA, DETRÁS DEL GENERALÍSIMO (Biografía de Bernarda Toro de Gómez «Manana»), Ena Curnow
721-0	CUBA CANTA Y BAILA (Discografía cubana), Cristóbal Díaz Ayala
723-7	YO, EL MEJOR DE TODOS (Biografía no autorizada del Che Guevara), Roberto Luque Escalona
727-X	MEMORIAS DEL PRIMER CONGRESO DEL PRESIDIO POLÍTICO CUBANO, Manuel Pozo (ed.)
730-X	CUBA: JUSTICIA Y TERROR, Luis Fernández-Caubí
737-7	CHISTES DE CUBA, Arly
738-5	PLAYA GIRÓN: LA HISTORIA VERDADERA, Enrique Ros
739-3	FILOSOFÍA DEL CUBANO Y DE LO CUBANO, José Sánchez Boudy
740-7	CUBA: VIAJE AL PASADO, Roberto A. Solera
743-1	MARTA ABREU, UNA MUJER COMPRENDIDA Pánfilo D. Camacho
745-8	CUBA: ENTRE LA INDEPENDENCIA Y LA LIBERTAD, Armando P. Ribas
746-8	A LA OFENSIVA, Eduardo de Acha
747-4	LA HONDA DE DAVID, Mario Llerena
752-0	24 DE FEBRERO DE 1895: UN PROGRAMA VIGENTE Jorge Castellanos
753-9	CUBA ARQUITECTURA Y URBANISMO, Felipe J. Préstamo
754-7	VIDA Y MILAGROS DE LA FARÁNDULA DE CUBA III, Rosendo Rosell
756-3	LA SANGRE DE SANTA ÁGUEDA (ANGIOLILLO, BETANCES Y CÁNOVAS), Frank Fernández
760-1	ASÍ ERA CUBA (COMO HABLÁBAMOS, SENTÍAMOS Y ACTUÁBAMOS), Daniel Román
765-2	CLASE TRABAJADORA Y MOVIMIENTO SINDICAL EN CUBA I (1819-1959), Efrén Córdova
766-0	CLASE TRABAJADORA Y MOVIMIENTO SINDICAL EN CUBA II (1959-1996), Efrén Córdova
768-7	LA INOCENCIA DE LOS BALSEROS, Eduardo de Acha
773-3	DE GIRÓN A LA CRISIS DE LOS COHETES: LA SEGUNDA DERROTA, Enrique Ros
779-2	ALPHA 66 Y SU HISTÓRICA TAREA, Miguel L. Talleda
786-5	POR LA LIBERTAD DE CUBA (RESISTENCIA, EXILIO Y REGRESO), Néstor Carbonell Cortina

792-X	CRONOLOGÍA MARTIANA, Delfín Rodríguez Silva
794-6	CUBA HOY (la lenta muerte del castrismo), Carlos Alberto Montaner
795-4	LA LOCURA DE FIDEL CASTRO, Gustavo Adolfo Marín
796-2	MI INFANCIA EN CUBA: LO VISTO Y LO VIVIDO POR UNA NIÑA CUBANA DE DOCE AÑOS, Cosette Alves Carballosa
798-9	APUNTES SOBRE LA NACIONALIDAD CUBANA, Luis Fernández-Caubí
803-9	AMANECER. HISTORIAS DEL CLANDESTINAJE (LA LUCHA DE LA RESISTENCIA CONTRACASTRO DENTRO DE CUBA, Rafael A. Aguirre Rencurrell
804-7	EL CARÁCTER CUBANO (Apuntes para un ensayo de Psicología Social), Calixto Masó y Vázquez
805-5	MODESTO M. MORA, M.D. LA GESTA DE UN MÉDICO, Octavio R. Costa
808-X	RAZÓN Y PASÍON (Veinticinco años de estudios cubanos), Instituto de Estudios Cubanos
814-4	AÑOS CRÍTICOS: DEL CAMINO DE LA ACCIÓN AL CAMINO DEL ENTENDIMIENTO, Enrique Ros
820-9	VIDA Y MILAGROS DE LA FARÁNDULA CUBANA. Tomo IV, Rosendo Rosell
823-3	JOSÉ VARELA ZEQUEIRA (1854-1939); SU OBRA CIENTÍFICO-LITERARIA, Beatriz Varela
828-4	BALSEROS: HISTORIA ORAL DEL ÉXODO CUBANO DEL '94 / ORAL HISTORY OF THE CUBAN EXODUS OF '94, Felicia Guerra y Tamara Álvarez-Detrell
831-4	CONVERSANDO CON UN MÁRTIR CUBANO: CARLOS GONZÁLEZ VIDAL, Mario Pombo Matamoros
832-2	TODO TIENE SU TIEMPO, Luis Aguilar León
838-1	8-A: LA REALIDAD INVISIBLE, Orlando Jiménez-Leal
840-3	HISTORIA ÍNTIMA DE LA REVOLUCIÓN CUBANA, Ángel Pérez Vidal
841-1	VIDA Y MILAGROS DE LA FARÁNDULA CUBANA / Tomo V, Rosendo Rosell
848-9	PÁGINAS CUBANAS tomo I, Hortensia Ruiz del Vizo
849-7	PÁGINAS CUBANAS tomo II, Hortensia Ruiz del Vizo
851-2	APUNTES DOCUMENTADOS DE LA LUCHA POR LA LIBERTAD DE CUBA, Alberto Gutiérrez de la Solana
860-8	VIAJEROS EN CUBA (1800-1850), Otto Olivera
861-6	GOBIERNO DEL PUEBLO: OPCIÓN PARA UN NUEVO SIGLO, Gerardo E. Martínez-Solanas
862-4	UNA FAMILIA HABANERA, Eloísa Lezama Lima

866-7	NATUMALEZA CUBANA, Carlos Wotzkow
868-3	CUBANOS COMBATIENTES: peleando en distintos frentes, Enrique Ros
869-1	QUE LA PATRIA SE SIENTA ORGULLOSA (Memorias de una lucha sin fin), Waldo de Castroverde
870-5	EL CASO CEA: intelectuales e inquisodres en Cuba ¿Perestroika en la Isla?, Maurizio Giuliano
874-8	POR AMOR AL ARTE (Memorias de un teatrista cubano 1940-1970), Francisco Morín
875-6	HISTORIA DE CUBA, Calixto C. Masó Nueva edición al cuidado de Leonel de la Cuesta, ampliada con índices y cronología de la historia de Cuba hasta 1992.
876-4	CUBANOS DE DOS SIGLOS: XIX y XX. ENSAYISTAS y CRÍTICOS, Elio Alba Buffill
880-2	ANTONIO MACEO GRAJALES: EL TITÁN DE BRONCE José Mármol
882-9	EN TORNO A LA CUBANÍA (estudios sobre la idiosincrasia cubana), Ana María Alvarado
886-1	ISLA SIN FIN (Contribución a la crítica del nacionalismo cubano), Rafael Rojas
891-8	MIS CUATRO PUNTOS CARDINALES, Luis Manuel Martínez
895-0	MIS TRES ADIOSES A CUBA (DIARIO DE DOS VIAJES), Ani Mestre